I0422117

Il Presidente

Prima edizione: 2017

Indice

Mario Spoto

Il Presidente

Prefazione a cura del prof. Remigio Martello

ISBN: 978-0-244-61621-2

Prefazione

La trattazione di un argomento storico-politico contemporaneo, per la sua stessa natura, presenta delle oggettive difficoltà. Le insidie nascono per l'inevitabile possibilità di coinvolgimento emotivo nei fatti esposti che rischia di offuscare l'obiettività della narrazione.

Tutto ciò rischia di crescere, a maggior ragione, quando l'argomento della ricerca è controverso e marcato da una forte contrapposizione di luci ed ombre, in un gioco di chiaroscuri, a volte sfumati a volte netti, in cui può perdersi la prospettiva storica.

Vladimir Vladimirovič Putin è una figura che non lascia (forse dovremo dire non può lasciare) indifferenti: lo si ama, oppure il contrario; nessun compromesso, casomai una scelta netta, determinata in un senso o nell'atro. Bianco o nero e mai sfumature nelle scale di grigio.

Da quasi un ventennio, Putin ha retto politicamente le sorti della Federazione Russa con forza e decisione tali che presso le cerchie radical chic intellettuali occidentali, presso i salotti liberal delle società europee, per non parlare delle stesse Cancellerie politiche, questo Presidente (non a caso la P è in maiuscolo) passi per un disinvolto dittatore senza scrupoli.

Gli arresti degli ultimi tempi che hanno colpito l'opposizione interna fatta dai giovani delle ultime generazioni russe (quelle dell'informazione sui social; della libertà di espressione sul cellulare o sui tablet come strumenti di circolazione anonima di idee e contenuti, spesso fake) sembrano confermare questa forma di autoritarismo che sfiora la tirannia fatta sistema (un Grande Fratello di Orwelliana memoria ma con la faccia e i muscoli pettorali di Putin).

L'uomo Putin è tutto questo: dal suo incedere privo di esitazioni, mentre attraversa le porte in oro zecchino del Cremlino durante la cerimonia di insediamento come Presidente; alla maschera calata sul volto quando in occasione dell'affondamento del sommergibile Kursk riuscì a trasformare un incidente sottomarino, che rischiava di degenerare in un conflitto tra le due potenze mondiali, in un successo tutto personale sul piano interno e internazionale; dall'uomo dedito agli sport e alla caccia che non lesina le immagini a torso nudo (ma guarda un po' se non è una tipica immagine aggressiva e rassicurante dell'uomo forte nelle dittature), all'uomo che affronta il terrorismo ceceno e le disastrose conseguenze di quel terribile conflitto di cui ancora oggi sappiamo poco al contrario di altre stanze del potere anche occidentali che hanno preferito tacere e chiudere gli occhi. Intorno a lui vicende scomode, assassinii su cui, ancora oggi, non si è fatta chiarezza (la giornalista di Novaja Gazeta Anna Politkovskaja da sempre oppositrice del governo di Putin, l'ex-agente segreto Aleksandr Litvinenko ucciso a Londra) e la stessa strategia seguita in Siria con le attuali complicazioni "aeree" tra le potenze occidentali e la Russia.

La narrazione sviluppata da Mario Spoto su Putin, in uno stile che rispecchia l'entusiasmo giovane di un appassionato di politica, vuole dare un ritratto chiaro, efficace e stringato di una figura politica dei nostri giorni dotata di spregiudicatezza, decisionismo, intuito nel cogliere il momento storico e tradurlo in atto politico sia all'interno del proprio paese come sul piano estero.

Lungi dal dare giudizi (inevitabilmente moralistici) e consapevole che tanto ancora riserva un personaggio come questo, Mario Spoto si confronta e invita a confrontarci in maniera serena e critica, con la nostra attualità contrastata a volte tra il senso cinico del potere e la velleità del destino storico a cui essa si avvia.

Remigio Martello

La sua demonizzazione non è una strategia,
ma un alibi per nascondere la mancanza di strategia.
Henry Kissinger

Introduzione

Prodigarsi nello studio della figura di Vladimir Putin è una sfida nella quale vale la pena immergersi a capofitto. Chi è veramente questo così discusso protagonista della nostra epoca? Perché viene così temuto e allo stesso tempo amato dalle democrazie occidentali?

Per rispondere a questi e altri quesiti su colui che la rivista "Forbes" ha definito come "l'uomo più potente del mondo"[1] cercherò di analizzare questa complessa personalità passando per i crocevia più importanti della sua vita e della sua carriera politica. Dal KGB al Cremlino quella di Putin è stata un'ascesa politica invidiabile e degna dei più grandi statisti che la storia ci abbia mai fatto conoscere.

Siamo di fronte ad un personaggio che ha scritto, scrive e scriverà pagine di storia del nuovo millennio tra critiche aspre e riconoscimenti per quella che è la sua politica da un lato dura e soggetta a discussioni ma dall'altro di un'efficacia indiscutibile.

NOTE

[1] https://www.forbes.com/beta/powerful-people/#/list?_k=9bxha5

L'ADOLESCENZA

1952. Nell'allora Leningrado, oggi San Pietroburgo, ridotta all'epoca a un cumulo di macerie causato da quell'assedio di 872 giorni in cui hanno perso la vita circa un milione di civili, nasce Vladimir Vladimirovič Putin. I genitori, Marija e Vladimir Spiridonovic Putin, sopravvissuti all'assedio, avevano rischiato la vita ma la ferità più grande fu la morte di Viktor, a soli nove anni, il fratello che Putin non conoscerà. All'età di dodici anni il giovane Vladimir legge il bestseller *Lo scudo e la spada* che narra le avventure di una spia sovietica. Da questa passione giovanile per il mondo dello spionaggio sarebbe poi scaturita la decisione di arruolarsi nel KGB, il temuto servizio segreto sovietico. Putin ne uscirà temprato da questa esperienza e bisogna considerare che furono proprio gli anni al servizio del KGB, dove ebbe l'occasione di capire la necessità di aprirsi alle realtà democratiche occidentali nonché di cogliere i limiti di quella che era l'impostazione socialista della compagine sovietica, a farlo maturare anche dal punto di vista ideologico. Crescendo, pur mantenendo il suo carattere vivace, si distingue tra i banchi di scuola per la sua intelligenza e dedizione nello studio. Dapprima impostogli il divieto di accesso alle organizzazioni giovanili del partito, a causa del suo carattere turbolento, fu poi rimosso considerati gli ottimi risultati didattici che lo portarono a essere eletto presidente della sua classe. I successi didattici lo accompagneranno anche nella scuola secondaria che completerà nel '70. La sua predisposizione allo sport di contatto lo porterà in un primo momento alla scelta del Sambo (lotta tipicamente russa) per sfogare la sua irruenza e poi alla disciplina del Judo diventando cintura nera del *sesto dan*. In una sua intervista dichiarerà: "Il judo non è solo sport, è una filosofia: rispetto per i più anziani, per l'avversario, tutto, dal rituale fino ai minimi dettagli, reca un aspetto educativo. Lo sport è tale, quando c'è sudore, il sangue, un duro lavoro".[1]

NOTE

[1]Lorenzo Gianotti, *Putin è la Russia, cit., p.21.*

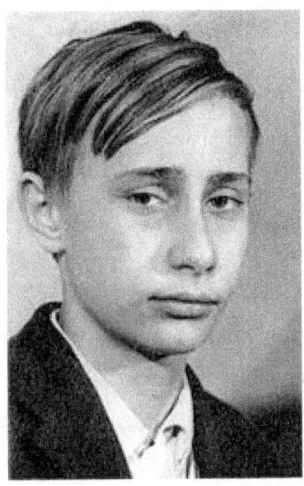

Il giovane Vladimir Vladimirovič Putin
(https://it.wikipedia.org/wiki/Vladimir_Putin)

L'ASCESA

La Laurea in Giurisprudenza conseguita con ottimi risultati e la padronanza dimostrata nel parlare tedesco e inglese agevolarono la carriera sia militare sia politico-diplomatica di Putin il quale, dopo essere stato premiato dal KGB per la sua diligenza, divenne nel 1984 maggiore. Nello stesso anno gli fu proposto di passare al reparto degli affari internazionali dell'organizzazione ovvero la compagine di spionaggio estero sovietico. Prima però di poter accedere a questa importante carica, era stato inviato per circa un anno presso l'Istituto Krasnoznamensk di Mosca, in altre parole l'accademia superiore del KGB dove, trattandosi di una struttura segretissima, gli studenti, sotto falso nome (quello di Putin fu Platov), per accedervi dovevano superare diversi test e sottoporsi alla macchina della verità. All'interno di quest'accademia Putin studiò e approfondì la storia, l'economia dei paesi di lingua tedesca e la politica. Messosi in mostra per la sua dedizione nello studio e l'impegno profuso fu nominato anche responsabile nonché portavoce del suo corso. Dall'andamento e dalle attitudini che l'allievo esternava, sarebbe poi dipesa la sua assegnazione futura. Al fine di determinare ciò "era considerato tutto, sia le qualità personali che professionali. Ci chiudevano in un ufficio per una o due settimane e stavamo seduti a scrivere e scrivere. Al termine si traevano le conclusioni sull'idoneità del laureato a lavorare nell'Intelligence"[1].

In Germania

A metà 1985 il maggiore Putin giunge a Dresda all'età di 32 anni dove sarà raggiunto in seguito dalla moglie Ljudmila, che aveva sposato esattamente il 28 luglio 1983, e dalla piccola Marija nata a Leningrado nel 1985. Dresda (Germania Est) era un importante centro industriale e tecnologico, sede della Robotron (la principale azienda del settore elettronico dell'URSS) che era in grado di tener testa ai colossi occidentali come la Siemens della Germania Federale.

Membro del comitato del Partito comunista nel servizio segreto nella DDR (Deutsche Democratic Republic), fu assegnato a Putin, sotto copertura, il ruolo di direttore dell'Associazione di amicizia sovietico-tedesca della sezione locale. Il soggiorno nella Germania Est piacque alla famiglia Putin. Non c'erano le interminabili file davanti agli scaf-

fali semivuoti dei supermercati sovietici. Ad allie-
tare poi la permanenza a Dresda fu, nell'agosto
del 1986, la nascita della secondogenita Ekaterina.
Putin faceva parte della direzione che si occupava
della raccolta di informazioni e la copertura appa-
rentemente funzionava in quanto il lavoro svolto
durante la giornata era davvero come quello dei
funzionari di un'associazione culturale.
Il periodo trascorso da Putin in Germania Est gli
consentì di riflettere sull'antitesi fra socialismo e
mercato andando a corroborare quelle convinzio-
ni maturate da tempo ovvero che "il socialismo
reale aveva storicamente fallito, occorreva che
quella parte del mondo guardasse al sistema economico di mercato"[2].
Il lavoro di Vladimir Putin si agganciava a un as-
setto geopolitico che già dalla prima metà degli
anni '80 stava subendo dei mutamenti significativi.
Il 1989 rappresenta il catalizzatore di questa mu-
tazione ormai inarrestabile. La crescita delle mobilitazioni e delle manifestazioni di frange democratiche che si oppongono ai comunisti causerà un
sisma che, attraversando tutti i paesi dell'Est, porterà al crollo del Muro di Berlino.

Nel giugno del 1989 il capo del KGB, Vladimir Krjučkov giurerà fedeltà a Gorbačëv e al suo corso riformista condannando i vecchi metodi stalinisti della repressione.

Putin vedrà le organizzazioni di Dresda manifestare.

Di fronte a queste mobilitazioni Mosca, che un tempo avrebbe ordinato al KGB di reprimere qualsivoglia tentativo di opposizione, tace.

Nei mesi successivi comincia la fuga di migliaia e migliaia di tedeschi verso la sfera Occidentale passando per i paesi del Patto di Varsavia che avevano rimosso le barriere.

Nell'ottobre del 1989 fu concesso agli occupanti dell'ambasciata della Repubblica Federale di emigrare verso la parte Ovest della Germania. Scontri e dure repressioni di fronte alle folle alimentano la mobilitazione che dilagò in tutta la DDR. Il quarantesimo anniversario della Deutsche Democratic Republic del 7 ottobre 1989 (quel giorno è anche il trentasettesimo compleanno di Putin) divenne occasione per intensificare le manifestazioni.

Il 9 novembre cade il Muro di Berlino, uno degli avvenimenti più epocali della fine del Novecento.

Il KGB è abulico. Racconterà Putin: "Noi distruggemmo tutto, i nostri collegamenti, i contatti, l'intera rete di agenti. Io personalmente bruciai un'enorme quantità di materiale. Abbiamo bruciato tanta di quella roba che alla fine la stufa fondeva. Bruciavamo di giorno e di notte. Quello che c'era di maggiore importanza lo inviammo a Mosca".[3]

Il 3 dicembre 1989 la folla si radunò minacciosa davanti alla villa del KGB (nessuno aveva creduto alla copertura), si temeva il peggio. Putin si dimostrò il più freddo, "La minaccia era seria [...], dopo qualche ora i dimostranti s'imbaldanzirono, io andai tra loro e chiesi cosa volevano. Spiegai loro che eravamo un'organizzazione militare sovietica"[4].

Più tardi giunse un contingente militare sovietico e la folla si disperse. Vi furono minacce verbali e nonostante gli agenti fossero armati, il maggiore Putin aveva raccomandato calma e moderatezza. "Ebbi l'impressione che il paese non ci fosse più. Era chiaro che l'Unione Sovietica era malata, di quel morbo micidiale, incurabile che si chiama paralisi: paralisi del potere"[5].

Di fronte a questo clima, Putin, così come tantissimi altri militari, fu costretto a tornare in Russia.

Il ritorno a casa

Giunti a Leningrado (che intanto tornava a chiamarsi San Pietroburgo), la famiglia Putin trova una città alla mercé del caos.

Gli approvvigionamenti di qualsivoglia genere sono scarsi, paradossalmente anche quelli energetici.

In questo clima di caos anche politico, che emerse dalle elezioni del 1990 con il 60% ottenuto dal "Blocco democratico" nel Soviet cittadino, il KGB offre un trasferimento a Putin in quel di Mosca. Vladimir però è lungimirante e racconterà: "Mi è stato offerto un posto nella sede centrale a Mosca, ma ho rifiutato. Perché? Sapevo che non c'era futuro per il sistema. E sarebbe stato molto difficile sedersi all'interno del sistema e attendere che tutto crollasse attorno a me".[6]

Putin realizzò che poteva far affidamento solo su se medesimo e, addirittura, valutò per un periodo di utilizzare la propria auto per fare il tassista o di fare l'allenatore di judo.[7]

Aveva un'ottima conoscenza delle lingue straniere, una laurea in Giurisprudenza e durante il suo soggiorno in Germania aveva instaurato relazioni che potevano tornare utili. L'idea era di riprendere gli studi con un dottorato in Diritto privato internazionale. Tuttavia aveva una famiglia da sostenere economicamente e avrebbe dovuto trovare un impiego.

L'opportunità gli venne fornita dall'università che propose a Vladimir Putin un ruolo di assistente al prorettore Molčanov che aveva delega alle relazioni internazionali. Si dimostrò un buon banco di prova per Putin il quale con il prorettore riuscì a stabilire un accordo con una multinazionale americana che consentì l'ingresso di introiti in cambio dell'uso da parte della multinazionale di una palazzina universitaria.

La svolta avvenne attraverso il rettore Merkur'ev grazie al quale Vladimir entrò in contatto con uno dei giuristi più in vista dell'URSS, Anatolij Sobčak il quale godeva di ottimi rapporti con Andreij Sacharov e Boris Eltsin.

Nel 1991 Sobčak venne eletto presidente del Consiglio della città di Leningrado. Putin, che fino a quel momento ricopriva solamente il ruolo di consigliere per gli affari internazionali, divenne poi il suo collaboratore più ascoltato fino a ricoprire prima la carica di vicesindaco e presidente del Comitato degli Affari internazionali, successivamente nel 1994 viene nominato primo vice, di fatto diventa il numero due di San Pietroburgo. Il 20 agosto 1990 Vladimir Putin decide di lasciare il servizio attivo nel KGB rassegnando le dimissioni. Durante il golpe del 1990 Putin si troverà in una posizione difficile in quanto "riserva passiva" del KGB e al fine di evitare accuse di tradimento, su consiglio di Sobčak, scrisse la seconda lettera di dimissioni firmata immediatamente da Eltsin.

Putin non era un comunista ideologico, condivise la svolta democratica e le riforme economiche e fu scosso dal colpo di Stato. Il putsch fallì grazie all'azione di Boris Eltsin.

Ma l'entusiasmo iniziale dovuto all'aria di libertà che si cominciò a respirare dopo il fallimento del golpe iniziò a raffreddarsi. L'inverno del 1991 imperversa e si preannuncia durissimo. Ci sono ancora le file di fronte agli scaffali vuoti simbolo del fallimento storico del socialismo reale sovietico.

Il sindaco Sobčak affida l'emergenza al suo collaboratore più affidabile, Vladimir Vladimirovič Putin il quale, forte della sua posizione di presidente del Comitato degli affari internazionali, è chiamato a cercare una soluzione ai non pochi problemi che affliggevano San Pietroburgo andando a scrutare al di fuori dei confini nazionali. Ma prima bisogna affrontare l'ostacolo di Mosca che difficilmente avrebbe autorizzato un'altra città ad avviare trattative autonomamente con paesi esteri. Putin non perde tempo. Il 4 dicembre invia una lettera formale molto dettagliata contenente ciò che sarebbe servito all'ormai quasi ex Leningrado in vista dell'inverno al presidente del Comitato per le relazioni internazionali del Ministero dell'Economia, Olegovič Aven.

Il meccanismo pianificato da Putin e dai suoi collaboratori prevedeva l'assegnazione al municipio di San Pietroburgo della deroga di commerciare autonomamente o attraverso altre società svincolandosi dall'esclusiva del commercio estero detenuta da Mosca. La definitiva autorizzazione arriva il 25 marzo ma Putin di fronte alle necessità aveva già avviato trattative con società (la critica cercherà di interpretare questa scelta). L'acerrima nemica politica, Marina Sal'e affermerà che "il carattere criminale dei contratti stipulati dal comitato di Putin è indubbio".[8]

Tuttavia l'inchiesta da parte del procuratore generale di San Pietroburgo Eremenko, pur evidenziando una certa confusione dell'operazione, non rilevò irregolarità dal punto di vista penale. Del resto non furono rilevati arricchimenti personali per quanto riguarda Putin. Nello stesso periodo Boris Abramovič tentò di avviare una rete di concessionarie automobilistiche a San Pietroburgo. Putin aiutò Abramovič con i permessi e le autorizzazioni e rifiutò anche una mazzetta, "era stato il primo burocrate che non aveva accettato tangenti, ne rimasi molto impressionato".[9]

Le operazioni di Putin porteranno all'ingresso di diverse multinazionali come la Coca-Cola e la Gillette (si parla di oltre mezzo miliardo di dollari di investimento). In quegli anni Vladimir lottò anche per la monopolizzazione di tutte le case da gioco assumendo il controllo di quote di proprietà dei casinò.

San Pietroburgo stava diventando, con i suoi tratti europei, la porta principale per l'Occidente.

Nel '92 Putin, alla guida di una delegazione economica ufficiale della municipalità a Francoforte sul Meno convinse alcuni investitori tedeschi a stipulare una serie di *joint venture* a San Pietroburgo per quanto riguarda il settore immobiliare. Nello stesso periodo si occupò dell'ingresso del colosso creditizio tedesco Dresder Bank che istituì la prima filiale a San Pietroburgo.

Il vicesindaco Vladimir Putin collezionò diversi incarichi chiave e Sobčak, non fidandosi di altri, gli affidò pure l'Agenzia per lo sviluppo delle infrastrutture di trasporto (ovvero costruzione di strade, metropolitane e di linee tranviarie). Nonostante i diversi incarichi ottenuti, Putin non ne approfittò per farsi assegnare una casa lussuosa e dopo anni di convivenza con i suoceri organizzò un trasferimento in un bilocale.

Alla caduta dell'Unione Sovietica e dopo la proclamazione della sovranità, dell'11 giugno 1990, della Russia, si aprirono problematiche riguardanti l'identità politico-culturale del paese. La Russia era scenario di sperimentazione dove si cercava il passaggio dal socialismo più marcato al capitalismo più spietato. In questo clima di confusione non mancarono scontri e omicidi. E parte della colpa (per quanto riguarda San Pietroburgo) fu addossata al sindaco Sobčak.

Nel maggio del '96 il sindaco giunse al termine del primo mandato e nonostante i collaboratori con-

sigliavano la non ricandidatura, Sobčak volle ri-
provarci.

Nella prima fase di campagna elettorale Putin si
tenne   defilato,   concentrandosi
sull'amministrazione della città. A metà campagna
Sobčak fa indire un sondaggio il cui risultato è
sconcertante, appena il 6%. A peggiorare il tutto
contribuirono anche due avvisi di indagine dalla
procura di Mosca. Sentendosi alle strette, chiese
aiuto a un suo vecchio amico, Aleksandr Jurijev,
professore di psicologia politica. Pochi giorni dopo l'annuncio che Jurijev avrebbe assunto il co-
mando della campagna elettorale, uno sconosciuto
suonò al portone del professore per gettargli
dell'acido sul volto. Jurijev dovette rinunciare alla
guida della campagna. Non rimaneva che Vladimir
Putin.

Putin, titubante in primo momento, accettò e si
spese con forza definendo "giuda" tutti coloro i
quali avevano tradito Sobčak passando dalla schie-
ra del candidato più quotato.

Le elezioni decretarono la vittoria di Jakovlev che
con grande sorpresa propose a Putin di rimanere
nell'amministrazione con il medesimo ruolo. Era

un riconoscimento per il lavoro svolto dall'ex vi-cesindaco.

Putin ringraziò ma rifiutò in quanto non sarebbe stato credibile. Una mossa che gli fece guadagnare consensi, soprattutto a Mosca.

Nei mesi successivi Vladimir si dedicò alla conse-cuzione di un dottorato di ricerca.

Gli anni nell'amministrazione di San Pietroburgo gli furono utilissimi, aveva stabilito delle relazioni importanti e si era guadagnato la fama di persona abile e dinamica. Lo spirito di iniziativa e la risolu-tezza dimostrata lo segnalano a Mosca.

Negli anni successivi i disordini continuano e la quotidianità delle città russe è scandita da una se-rie di attentati, uccisioni di matrice politico-mafiosa dove le vittime per lo più erano funziona-ri pubblici o uomini di politica.

Il 13 agosto esplode un ordigno davanti all'edificio della Lubjanka, sede centrale dell'FSB (nuovo nome del KGB). L'8 agosto vi fu un at-tentato contro il sindaco di Machačkala (Dage-stan) Amirov che subirà altri quindici tentativi di omicidio fra i quali uno che provocherà la morte di 17 innocenti.

Il 21 agosto viene ucciso Utkin, direttore della rivista "Juridičeskij Peterburg Segodnja" a San Pietroburgo. A ottobre il direttore della locale compagnia di San Pietroburgo di distribuzione di carburante, Filipov. Nell'ex capitale verrà assassinata a novembre la deputata della Duma Galina Starovojtovaja. A Mosca invece vengono assassinati Vukolov (presidente del Fondo sociale per gli invalidi militari), Berljand (dg della compagnia di idrocarburi Tomsk-Neft-Vostok) e altri personaggi di rilievo.

In questo clima, il 25 luglio 1998 Vladimir Putin viene nominato direttore dell'FSB.

Per Putin si tratta di un ritorno alle origini. Intanto al Cremlino la sua nomina viene letta come una risposta al caos e all'anarchia che dilagava.

Il suo arrivo è una vera e propria scossa. Si passa da 6000 a 4000 dipendenti diretti aumentandone però la qualità. Riesce a ottenere dal presidente Boris Eltsin un aumento degli stipendi. Risistema la struttura costituendo un nucleo per la lotta al narcotraffico. A poche settimane dalla nomina, viene chiamato a partecipare al Consiglio di sicurezza della Federazione Russa, assumendone la carica di segretario generale nel 1999.

L'inizio al vertice

12 luglio 1999, a Biarritz siedono a fare colazione Boris Berezovskij e Vladimir Putin. Berezovskij è uno dei più importanti oligarchi russi, vicino alla famiglia di Eltsin e anche a Roman Abramovič. Si stavano chiudendo il vecchio millennio e il governo Eltsin, giunto al secondo mandato. C'era stata più di una discussione sul presunto successore del "Corvo bianco" e il clan degli oligarchi temeva l'ascesa di Primakov, un sovietico sopravvissuto al crollo del'URSS.

Dopo il crollo finanziario del 1998 il Cremlino incaricò Primakov. Nel suo governo formato da comunisti i soli oppositori erano gli ultranazionalisti di Žirinovskij.

Per la "Famiglia" era una soluzione subita. L'entourage di Boris Eltsin temeva la vittoria del partito politico "Patria di tutta la Russia", creato da Primakov che intanto reclutava il sindaco di Mosca Jurij Lužkov. I rapporti tra Eltsin e Primakov divennero più tesi.

Occorreva proporre un'alternativa valida e affidabile.

"Chiunque fosse arrivato alla guida del paese dopo Eltsin sarebbe facilmente diventato popolare se lo avesse processato".[10]

Le domande ricorrenti erano: "Chi dava affidabilità? Chi non avrebbe tradito? Chi poteva guadagnare appeal presso l'opinione pubblica?".[11] Inizialmente si era fatto il nome di Čubajs ma dopo il crollo dell'economia non era ben visto da tutti.

Berezovskij sosterrà sempre di esser stato il primo a proporre il nome di Putin. "Abbiamo Putin" avrebbe detto durante un summit tra le mura del Cremlino. Di fronte allo scetticismo suscitato anche da Roman Abramovič, Berezovskij replicò: "A Putin non interessa il potere per il potere, vuole il prestigio. Deve diventare presidente proprio lui perché non sarà mai un usurpatore. Al potere devono esserci quelli che non lo vogliono, anzi lo temono. Putin è così. Con lui è solo necessario accordarsi come si deve".[12] Čubajs diceva che non sembrava un trascinatore in grado di ottenere il voto di conferma del Parlamento. Ma il fatto è che non si riusciva a trovare altre alternative.

Valeva la pena provare con Vladimir Putin. Valentin Jumašev fu incaricato di proporre il nome di

Putin a Eltsin il quale rispose: "Putin? Potrebbe andare ma mi sembra un po' piccolino".

Quel 12 luglio 1999 Vladimir e Berezovskij parlarono proprio di questa possibilità e alla fine Putin rispose: "Va bene, proviamo. Ma tu capisci che deve essere Eltsin a chiedermelo". Berezovskij chiuse così: "È lui che mi ha mandato. Vuole essere sicuro che non ci siano equivoci per evitare che quando te lo avesse chiesto, dicessi no".[13] Putin tornò a Mosca dove, dopo l'incontro con Eltsin tenutosi al Cremlino riferirà: "Boris mi ha invitato da lui e mi ha detto che aveva in mente di propormi al posto di primo ministro"[14].

Berezovskij si pentirà molto di quella scelta.

Il 9 agosto 1999 con un decreto firmato dal Presidente Eltsin, Vladimir Putin venne nominato primo viceministro, assumendo *pro tempore* la guida del governo.

"Ho deciso di nominare una persona che, a mio parere, è in grado di consolidare la società. Vladimir Putin [...] Credo in lui. Desidero che in lui abbiano fiducia tutti coloro che nel giugno del 2000 andranno nei seggi elettorali per compiere la loro scelta. Ritengo che ci sia tempo sufficiente affinché egli possa dare dimostrazione delle sue capacità" dirà Eltsin nel discorso televisivo.

Il 16 agosto Putin viene confermato dalla Duma di Stato. Putin fu abile nel concentrare le varie forze in campo riuscendo a creare la prima maggioranza anticomunista della recente storia russa. Il 31 dicembre, a seguito di una diretta televisiva dove Eltsin annunciava il suo addio e avvenuto il passaggio di consegne (che prevedeva anche la valigetta contenente i codici degli ordigni nucleari) la nuova Duma confermò Putin al governo. Il potere cominciava a consolidarsi.

NOTE

[1]Nelli Goreslavskaya, *Putin, storia di un leader*, cit., p. 95.

[2]Gennaro Sangiuliano, *Putin, vita di uno zar*, cit., p. 80.

[3]Lorenzo Gianotti, *Putin e la Russia*, cit., p. 30.

[4]Ivi, p. 31.

[5]Ibidem.

[6]Nelli Goreslavskaya, *Puti, storia di un leader*, cit., p. 125.

[7]Fabrizio Dragosei, *Putin: "Ero disoccupato pensai di fare il tassista o l'allenatore di judo"*, in "Corriere della Sera", 5 settembre 2002, p. 1.

[8]Carlo Bonini e Giuseppe D'Avanzo, *Lo scandalo della fame a Pietroburgo*, cit.

[9]Masha Gessen, *Putin. L'uomo senza volto*, Bompiani, Milano 2012, p. 20.

[10]Gennaro Sangiuliano, *Putin, vita di uno zar*, cit., p. 157.

[11]Ivi, p. 161

[12]Roman Abramovič, *Bez obid (Senza ingiurie)*.

[13]Masha Gessen, *Putin, l'uomo senza volto*, cit., p. 25.

[14]Gennaro Sangiuliano, *Putin, vita di uno zar*, cit., p.164.

Vladimir Putin e Boris Eltsin
(http://arteeanima.blogspot.it/2016/07/vi-presento-
vladimir-putin.html)

CECENIA, IL CAMPO DI PROVA

Cominciamo dal Daghestan, crisi del 1999, Vladimir Putin si affaccia alla vita pubblica da premier.

Il 9 Agosto 1999 Sergej Stepašin dichiara: "La situazione in Daghestan e nel Caucaso è oggi gravissima, sono appena rientrato da lì, è gravissimo, possiamo davvero perdere il Daghestan. [...] Stamattina sono stato convocato dal Presidente, ha firmato le mie dimissioni, mi ha ringraziato per il lavoro svolto e mi ha dimissionato. Ha nominato al mio posto Vladimir Putin, è un uomo per bene, di livello, ed io desidero augurargli successo, proprio ogni successo, perché tutto il resto ce l'ha già"[1]. L'uomo che ha scelto Boris Eltsin per il suo traballante governo è, agli occhi dell'opinione pubblica, praticamente uno sconosciuto. L'ex spia e capo della Sicurezza Vladimir Putin. E ancora maggiore stupore viene suscitato con la dichiarazione di Eltsin secondo la quale proprio Putin dovrà diventare prossimo presidente quando lui si ritirerà.

Il conflitto in Cecenia è stata la prima prova seria cui fu sottoposto il nuovo capo di Governo Putin, il quale dichiarò che la Russia poteva riprendere il controllo sul Daghestan in due settimane.

"In quel momento non potevo prendere decisioni, ho dovuto occuparmene ma non avevo poteri sufficienti" dichiarerà Vladimir, "Ero cosciente delle responsabilità che mi ero assunto? Certamente, era una cosa scontata. L'unica questione che mi ponevo era cosa fare qualora non fossi riuscito a portare a termine quell'azione e come continuare a vivere dopo. Io dentro di me avevo deciso. Non avevo altra scelta, dovevo andare fino in fondo"[2].

Nell'Agosto-Settembre 1999, il comandante di plotone Vladimir Ivanov disse ai suoi uomini che era arrivato "uno nuovo". Putin entrò in una delle tende, dai generali e propose un brindisi alla vittoria (tra l'altro Putin era astemio in quanto l'alcool lo distraeva dagli studi).

"Vorrei, secondo la tradizione russa e la tradizione della sacra terra del Daghestan dove ci troviamo oggi, alzare il bicchiere e bere in memoria di coloro che sono morti [tutti stavano cominciando a brindare]. Un secondo, un secondo. Vorrei bere per coloro che sono feriti e augurare felicità a tutti coloro che si trovano qui. Ma tutti abbiamo davanti molti problemi e grandi compiti da svolgere, lo sapete benissimo. Voi sapete quali sono i progetti del nemico e anche noi lo sappiamo, sappiamo quali provocazioni aspettarci nel prossimo futuro, in quali zone. Noi non abbiamo il diritto di concederci neanche un secondo di debolezza, neanche un secondo, altrimenti coloro che sono morti lo saranno invano. Ecco perché io propongo di appoggiare oggi sul tavolo il bicchiere. Noi berremo, berremo sicuramente, ma lo faremo dopo, quando avremo assolto il nostro compito. Quindi vi propongo di mangiare qualcosa di corsa e andare a lavorare"[3].

Appoggiò il bicchiere sul tavolo e ciò suscitò nel comandante di plotone una certa sorpresa ma anche un certo rispetto. Disse che forse quella campagna si sarebbe svolta in maniera diversa dalla precedente perché quel bicchiere aveva un valore simbolico.

Le sue parole corrisposero a una ripresa dell'iniziativa militare russa. E quando inizia il massiccio uso dell'aviazione con il bombardamento di alcuni reparti di Khattab sul territorio ceceno, risulta chiaro come quel bicchierino posato sul tavolo aveva un significato. Significava che tutto sarebbe stato fatto seriamente.

"Noi prenderemo i terroristi ovunque. Se saranno in aeroporto, li prenderemo in aeroporto, se saranno nei bagni li andremo a prendere, scusatemi, anche nel cesso. La questione è definitivamente chiusa". Questa frase colpisce, fa effetto, diventa virale, piace ai russi.

Di fronte alle azioni russe in Cecenia, l'opinione pubblica, soprattutto quella americana, non tarda a criticare le scelte di Putin. Madeleine Albright dirà :"Tutto ciò che avviene in Cecenia a seguito dell'azione russa è dovuto al fatto che la Russia non desidera risolvere la questione politicamente, in via negoziale con i leader ceceni". Intanto il capo indipendentista ceceno Shamil Basaev dichiarava :"Ci sono due categorie di soldati russi in Cecenia: quelli che stanno nelle tombe e quelli che staranno nelle tombe".

"Non era possibile fare altro che annientare il terrorismo. Non era possibile trovare un accordo. [...] Era chiaro che o saremmo riusciti a sconfiggerli subito o non avremmo più avuto l'occasione di conservare il paese"[4].

All'indomani della caduta dell'URSS, il Caucaso risultò l'area geografica e politica più problematica per Mosca. Nel '44 Stalin aveva fatto deportare centinaia di migliaia di ceceni accusati di aver collaborato con il regime di Hitler (solo nel '57, sotto il governo Chruščëv verranno autorizzati a tornare nella loro terra). Per i ceceni si prospettava dunque l'occasione della resa dei conti. Per Mosca si tratta di una questione di vitale importanza che segnerà il destino medesimo di tutta la Federazione Russa in quanto non solo si teme che concedendo la piena indipendenza alla Cecenia, quest'ultima possa dare il via a un pericolosissimo effetto domino sulle altre repubbliche ma anche che la Cecenia, attraversata da influssi di integralismo islamico, possa diventare il fulcro attorno al quale aggregare il "Califfato caucasico", obbiettivo dei combattenti musulmani. E questo timore troverà conferma negli anni a seguire.

Vladimir Putin è consapevole di giocarsi il proprio destino sulla questione cecena e che il suo successo o fallimento da leader politico dipende da come riuscirà a fronteggiare la crisi in Cecenia.

In quelle settimane Putin si ritrovò a camminare sull'orlo del precipizio cercando di dipanarsi tra numerose insidie. Gli scandali che determinarono l'impopolarità di Boris Eltsin, la minaccia cecena (rispetto alla quale l'opinione pubblica teme la possibilità di nuovi attentati e di una sconfitta), e l'eventualità che il "Corvo bianco" del Cremlino rassegnasse sotto pressione le proprie dimissioni prima che lui possa rafforzarsi in vista delle elezioni presidenziali.

Agli inizi di ottobre l'intervento russo entra nel vivo. Putin dichiara l'illegittimità dell'autorità di Aslan Maskhadov (Presidente ceceno) e del suo Parlamento e annuncia un'operazione via terra.

Il 5 ottobre viene annunciato che "un terzo territorio ceceno è sotto il controllo dell'armata della Federazione Russa" e che le operazioni continueranno "fino al totale annientamento dei terroristi". In Daghestan vengono inviate oltre trentamila truppe, Putin in persona seleziona i migliori reparti, non si possono commettere errori come nella prima guerra cecena. A coloro i quali in sede internazionale protestano contro i raid aerei, Putin replica: "La questione del Caucaso è un affare interno alla Russia e questa è un'operazione di polizia"[5].

Il 18 ottobre l'esercito russo prende il villaggio di Piervomaiskoe (a circa 7 km da Groznyj) e poco dopo la bandiera della Federazione Russa torna a sventolare su Gudermes (seconda città della Cecenia). Questa *Blitz krieg* rende altrettanto rapida la crescita del consenso verso Putin il quale sta risvegliando l'orgoglio e lo spirito della fenice russa. Questa ascesa così fulminea e contro ogni previsione non piace a molti. Diversi giornali russi come la "Nezavisimaia Gazeta" e la "Komsomolskaia Pravda" scrivono che Eltsin, sotto la pressione esercitata dall'Occidente che non vede di buon occhio un personaggio come Putin, stia vagliando la possibilità di destituire quest'ultimo per nominare il morbido ministro Sergej Shoigu[6]. Molte voci girano per le vie di Mosca e nei corridoi del Cremlino ma la migliore assicurazione per Vladimir sarà l'anziano Eltsin che crede in lui e vuole consegnarli le chiavi della Federazione Russa. I detrattori vengono zittiti dalla vittoria in campo ceceno. Agli inizi di dicembre scatta l'assedio a Groznyj, Putin è consapevole che per controllare la Cecenia occorrerà far affidamento al pugno di ferro puntando su Akhmad Kadyrov, un profilo non tenero in possesso di una milizia personale.

Nel maggio del 2000 la Russia si assicura il controllo della Cecenia e Kadyrov viene scelto da Putin come capo dell'amministrazione provvisoria, confermato poi alle elezioni dell'ottobre successivo divenendo presidente della nuova Repubblica autonoma cecena nell'ambito della Federazione Russa. La crisi cecena si chiude con una rapida vittoria promessa dallo stesso Putin. Nonostante le gravi incertezze della guerra, la crisi economica, la corruzione e il difficile cammino della democrazia, il vecchio millennio si chiude per la Russia con un elemento di novità.

La Federazione Russa ritrova un leader capace di risvegliare l'orgoglio e lo spirito nazionale. Sergej Kovalëv, tra i più attivi difensori dei diritti umani scrive che Putin "costituisce l'unica alternativa alla restaurazione comunista e all'incompetenza dei democratici"[7]. Ma il sostegno più importante arriva dallo storico Aleksandr Zinov'ev (uno dei più rilevanti dissidenti antisovietici) affermando che "Il neo premier è il primo serio tentativo della Russia di resistere all'americanizzazione e alla globalizzazione che emerge dalle tendenze interne al paese"[8].

NOTE

[1]Mediaset, documentario *"Il Presidente"* realizzato dall'emittente russa "Rossiya1" - Versione italiana curata dai giornalisti Alessandro Banfi e Carlo Gorla - Documentario andato in onda su Retequattro lo 07.12.15.

[2]Ibidem.

[3]Ivi.

[4]Ivi.

[5]Gennaro Sangiuliano, *Putin, vita di uno zar*, cit., p. 178.

[6]*Manovre per liquidare Putin, giornali*, Ansa, 6 novembre 1999.

[7]Gennaro Sangiuliano, *Putin, vita di uno zar*, cit., p. 181.

[8]Lorenzo Gianotti, *Putin e la Russia*, cit., p. 97.

Vladimir Putin e alcune truppe inviate in Cecenia
(http://torahcodes-mn.blogspot.it/2012/11/putins-
russia.html)

IL CONSOLIDAMENTO

"Neanche nell'incubo peggiore avrei pensato di fare una campagna elettorale, mi sembra che sia una cosa assolutamente immorale, voi ridete, ma vi garantisco che c'è sempre da promettere qualcosa e sempre di più del tuo avversario. Per come è andata la campagna elettorale e come è stata organizzata, mi ha permesso di evitare questo aspetto, di non ingannare enormi masse di persone, e questo mi rende felice"[1].

Queste sono le parole di Vladimir Putin a ridosso delle elezioni di fine marzo 2000.

Non organizza una vera e propria campagna elettorale ma si concentra nello svolgere il suo ruolo di presidente al meglio stando però attento a lanciare segnali importanti in vista delle elezioni che lo vedono scontrarsi principalmente, secondo i sondaggi, con il leader comunista Gennadij Zjuganov.

A gennaio il giornale "Rossiskaia Gazeta" rivela che Putin è un estimatore della "Lady di ferro" Margaret Thatcher. L'articolista avanza un confronto tra queste due personalità che a suo avviso sono entrambe marcate da un carattere forte e volitivo. "Sono orgoglioso di averla conosciuta, sia a Londra che a San Pietroburgo quando ero vice-sindaco" questa è la dichiarazione riportata. L'altro segnale Putin lo lancia nel panorama inter-nazionale inviando una delegazione ufficiale del suo partito alla convention del Partito repubblica-no (Grand Old Party) che incoronerà in quel di Filadelfia la candidatura di George W. Bush. I giornali americani scriveranno "Putin sta con Bush". Prima della spedizione della sua delegazio-ne, durante una visita in Italia, lo stesso Putin aveva dichiarato che :"In uno schieramento occi-dentale sarei più vicino ai conservatori che ai pro-gressisti".

Il 26 marzo la Russia vota per eleggere il nuovo presidente. La vittoria di Putin si attesta con un'inequivocabile chiarezza. Vladimir Putin ottie-ne il 52,94 per cento dei voti contro il 29,44 del leader comunista.

Giulietto Chiesa scriverà su "La Stampa". "L'8 agosto 1999 Vladimir Putin era un signor nessu-no. Putin con quella sua faccia da impiegato che va ai corsi di judo, ha fatto sentire, ai russi, che l'Occidente non può tutto, che gli si può dire di no e che non succede nulla; che USA ed Europa

devono stare a guardare, una volta tanto, finalmente ciò che decide Mosca. E che protestino pure, che non concedano prestiti: i russi faranno da
soli, anche senza gli aiuti pelosi dell'amico Bill"[2].

Il 7 maggio Vladimir Putin si insedia al Cremlino
come presidente della Federazione Russa. Putin
percorre il tappeto rosso che lo guida fino al punto in cui dovrà giurare sulla Costituzione ma alla
cerimonia manca il suo mentore che guidò i primi
passi in politica di Vladimir senza il quale forse
non sarebbe riuscito ad avere un'ascesa così re-
pentina. A sei giorni dalle elezioni, Anatolij
Sobčak era venuto a mancare all'età di 62 anni.

Putin si "presenterà" così: "Spesso dalla gente
comune, dai cittadini comuni nelle nostre piazze e
nelle nostre strade, ho sentito delle parole sempli-
cissime ma di grande importanza. Mi dicevano
"Noi la crediamo, confidiamo in lei, ma lei non ci
inganni". Ma vi posso assicurare che nelle mie
azioni mi atterrò esclusivamente agli interessi dello stato. Forse non riuscirò a evitare errori ma
quello che effettivamente posso promettere e
prometto è che lavorerò con franchezza e one-
stà"[3].

La lotta agli oligarchi

L'eredità che lascia Boris Eltsin a Putin è a dir poco pesante. La giovane Federazione Russa è ancora in una situazione finanziaria catastrofica. Il paese è fortemente indebitato con i grandi organismi internazionali. L'inefficienza dell'amministrazione, corrotta, lenta, diretta da oligarchi e mafie, la svendita dei palazzi pubblici, la frammentazione del potere pubblico e l'insorgere di boss locali e non solo costituivano la catastrofica eredità del "Corvo bianco".

Il processo di consolidamento del potere non può sicuramente prescindere dal ridimensionamento radicale del potere degli oligarchi. Il Cremlino intende tornare a essere il vero centro di potere russo e dunque non può continuare a essere una succursale amministrativa degli oligarchi, e al fine di conseguire questo importante obiettivo Vladimir Putin cercherà di limitare il potere di coloro i quali lo hanno portato alla carica di presidente. Ricorderà Putin :"Il paese era diviso. Bisognava prendere provvedimenti anche a rischio di fallire. D'altronde non avevamo niente da perdere, per questo ho accettato di diventare presidente"[4].

In questa guerra contro le élite che si erano appropriate delle risorse del paese, Putin punterà anche sul consenso dell'opinione pubblica defedata dalla miseria, dall'inflazione e dal dissesto finanziario e irritata di fronte alla ricchezza smodata dell'oligarchia.

Da un lato Putin vorrebbe cautelarsi dai magnati dell'economia, dall'altro è consapevole di non poter operare senza il loro sostegno. Putin si circonderà di persone affidabili che appartengono più o meno tutte al suo passato (dalle conoscenze a San Pietroburgo a quelle della capitale).

Diversi analisti osserveranno e studieranno per molti mesi questo scontro tra il neo presidente e l'oligarchia con qualche riserva sull'eventuale vittoria di Putin. Il quasi totale controllo sui mezzi di comunicazione esercitato dagli oligarchi gioca a sfavore di Vladimir.

Come abbiamo avuto modo di osservare nel capitolo *L'ascesa*, Putin era stato accolto con benignità dagli oligarchi che speravano di trovare in lui un secondo Eltsin ma il loro decisivo sostegno si risolverà in un clamoroso errore di valutazione. Non è più così agevole influenzare le decisioni del presidente Putin con una telefonata al Cremlino.

Il nuovo presidente ha ormai iniziato a percorrere la propria strada, il tentativo ad opera di Berezovskij di fargli cambiare idea fallirà clamorosamente.

Dirà Stepašin sulla frustrazione di Berezovskij :"Non ho mai capito chi fosse Putin. Dopo aver dato le dimissioni, tornai a lavorare alla Duma e lo sentii dire a qualcuno che era stato lui a fare di Putin quello che era. Ma anche Mefistofele può sbagliarsi"[5].

Il presidente rafforza il proprio potere mettendo in piedi un sistema fiscale nuovo e modificando le strutture amministrative al fine che i governatori possano rispondere direttamente al Cremlino in modo da potenziare il governo centrale.

Il parlamento approva la proposta di legge con una cospicua maggioranza e per il sempre più con le spalle al muro Berezovskij si tratta dell'ennesima sconfitta. Ma lo stesso cerca di fare una filippica con una lettera aperta al pubblico dalle maggiori testate giornalistiche di Mosca. Stando a quanto scrisse Boris Berezovskij, la legge approvata sarebbe "un assalto all'integrità territoriale e alla democrazia russa"[6]. Appare dunque chiaro come lo *spin doctor* abbia impugnato la sua arma preferita, la televisione e i giornali che, in mano agli oligarchi, puntano dritto contro Vladimir Putin.

Il presidente invece fa uso della sua arma migliore di quel periodo, il suo team del centro di sviluppo strategico di Mosca. Composto da uomini giovani (l'età media della squadra è di circa trent'anni) e preparati, nessuno avente rapporti con oligarchi che gestiscano la maggior parte del panorama economico della Russia, gli vengono assegnati incarichi molto rilevanti come ipotizzare gli scenari più tragici per l'economia russa e dunque abbozzare e proporre nuove strategie di sviluppo economico. "Quando iniziammo c'erano quattro diversi centri di potere: la presidenza dello stato, quella del Consiglio dei ministri, i riformatori del governo riuniti intorno a me e Gref (sette anni da ministro per lo Sviluppo Economico e il Commercio) e i servizi segreti"[7] ricorda Kudrin (futuro ministro delle Finanze).

Il governo è diviso. Putin cerca di mantenere gli equilibri giocando su più tavoli, rafforzando i riformatori, tranquillizzando i conservatori e assicurandosi di non lasciarsi sfuggire il controllo e la delega delle decisioni fondamentali. Nonostante ciò lo scontro tra il premier Kas'janov (frutto di un accordo politico stretto dalla "famiglia" in contrasto con la scelta del presidente) e German Gref è inevitabile.

In occasione di una riunione indetta dallo stesso Kas'janov, ricorda Kudrin, "il premier lo attaccò di proposito davanti ai suoi sottoposti, circa trecento persone. Kas'janov credeva che il nostro programma fosse troppo ambizioso, e inoltre detestava il fatto che non lo avessimo coinvolto"[8]. Gref vuole chiedere le dimissioni ma Vladimir Putin lo sostiene e coglie l'occasione per sostituire Kas'janov con un suo uomo di sicuro affidamento. Tra l'altro da poco aveva scelto un altro conoscente di San Pietroburgo per il ruolo di capo dello staff presidenziale, il giurista Dmitrij Medvedev. Il nuovo premier è Michail Fradkov (precedentemente ministro del Commercio estero).

Nel luglio del 2000 Vladimir Putin tiene una riunione al Cremlino con l'élite economica del paese, è di fatto il primo incontro del presidente con i rappresentanti del mondo imprenditoriale in un ampio convegno.

Il presidente chiede un chiarimento ufficiale agli esponenti dell'oligarchia. C'è una certa agitazione tra i partecipanti. L'uomo nuovo a capo del paese

ha infatti annunciato pubblicamente la fine dei giorni degli oligarchi e la guerra alla corruzione.[9]
Dichiarerà Vladimir Potanin (presidente della Holding "Interros") "Per noi era importante spiegarci quale stato volesse costruire Putin e per lui era importante spiegarci quale comportamento si aspettasse da noi uomini d'affari".[10] Il messaggio che lancia è a tutti gli effetti una dichiarazione di guerra addolcita con un sarcasmo sottile. "Desidero subito attirare la vostra attenzione su questa parte: voi avete dato vita a questo stato, in grande misura tramite le strutture politiche o parapolitiche da voi controllate. Per questo non vale la pena scaricare su altri. Il sistema che costruiremo sarà diverso e voi dovete dare il vostro contributo a questo sistema. Dovete fare i vostri affari in maniera trasparente, pagare le tasse, non spremere i lavoratori ma dare loro stipendi normali, dignitosi. In altre parole dovete meritarvi il diritto a esistere e il diritto al rispetto anche alla luce di quanto siete già riusciti a rovinare.[11] Se non siete contenti, dovete rimproverare voi stessi. Adesso parliamone apertamente e cerchiamo di fare il necessario per rendere il nostro rapporto su questo punto civile e trasparente".[12] I massimi esponenti devono

dunque fare una ben precisa scelta: o gli affari o la politica, porre fine ai loro loschi affari e iniziare a pagare le tasse.

Limitare l'azione dell'oligarchia è un'operazione assai difficile nonché rischiosa ma Putin forte della sua carica ha la facoltà di mobilitare i procuratori e il fatto che venga sottovalutato e considerato un semplice amministratore dalle tante parole e pochi fatti gioca a suo favore. La battaglia è appena iniziata. Per diverse settimane Putin, Kudrin e Gref hanno discusso circa le possibili opzioni per risanare le casse dello stato. La provvisoria proposta del ministro delle Finanze è la seguente: verrà chiesto alle società di versare il tredici per cento delle imposte (per risanare almeno gli stipendi arretrati dei dipendenti pubblici e le pensioni per il momento), poi si sarebbe vagliata un'altra soluzione. Tale pagamento, in virtù della piccola quota richiesta, doveva essere rispettato ed effettuato da tutti senza eccezioni[13]. Al fine di condurre gli accertamenti fiscali, la nuova sezione istituita dal ministero dello Sviluppo Economico e il Commercio invia nelle diverse sedi circa duemila ispettori.

Berezovskij non riesce a capacitarsi del fatto di non poter più esercitare la sua influenza su e contro Putin e la sua mittente televisiva aumenta le invettive nei confronti del neo-presidente anche attraverso paragoni con la dittatura comunista. Boris Berezovskij si aspettava una maggiore riconoscenza dall'uomo che è convinto di aver sistemato personalmente i vertici del potere.[14]

Il primo a finire in rotta di collisione con il nuovo sistema è il magnate delle telecomunicazioni, ebreo russo, Vladimir Gusinskij (proprietario della Media Host di cui fa parte la maggiore emittente privata russa, NTV). Nel giugno del 2000 viene arrestato con l'accusa di coinvolgimento in una truffa costata circa dieci milioni di dollari allo Stato russo. Attorno a questo arresto si innalzano le critiche delle emittenti del magnate. Al momento dell'arresto Putin si trova in visita ufficiale in Germania e per dissipare le critiche affronterà l'argomento precisando ai giornalisti che l'arresto è rivolto a Gusinskij imprenditore non a Gusinskij editore. "Non si tratta del rappresentante dei mass media o del giornalista o dell'editore. Si tratta dell'imprenditore" risponde. E aggiungerà una domanda: "Ritengo che in Germania paghiate le tasse, dico bene?".[15]

Gusinskij si era indebitato fortemente con una banca statale e l'accusa riguardava, per l'appunto, l'aver nascosto importanti profitti non rimborsando i debiti che, scaduti da tempo, erano diventati cospicui.[16]

Liberato, Gusinskij comincia a muoversi tra Gran Bretagna e Spagna dove viene arrestato nuovamente e il giudice spagnolo che lo interrogherà gli concederà gli arresti domiciliari su cauzione (circa un milione di *pesetas*) e ritiro del passaporto.

A Boris Berezovskij viene riservato un trattamento diverso. Vladimir Putin decide di convocarlo al Cremlino e gli propone di cedere la proprietà del Canale Uno della televisione, ovviamente pagato a prezzi di mercato. "Gli risposi di no, in presenza del capo di gabinetto Vološin" racconterà l'oligarca. "Putin cambiò il tono di voce e disse:"Arrivederci Boris Abramovič Berezovskij" e si alzò per andarsene. Io dissi "Volodja (così veniva chiamato dai suoi amici) questo è un addio".[17]

Dopo esser stato anch'egli sottoposto a indagini giudiziarie, l'oligarca decise di volare a Londra prima che potessero arrestarlo. Verrà coinvolto dalla magistratura in diversi casi, compreso quello della giornalista Anna Politkovskaja. Dall'altro lato Berezovskij accuserà nel 2007 Putin di aver inviato in Gran Bretagna un sicario per assassinarlo. La polizia di Scotland Yard, con riferimento a questa accusa, dichiarerà di aver fermato un sospettato ma poi dichiarerà di non aver riscontrato nessun complotto per uccidere Berezovskij.

I metodi utilizzati dal presidente russo per mettere alle strette gli oligarchi suscitano l'indignazione del panorama giornalistico occidentale che accuseranno l'utilizzo per fini politici del potere giudiziario nell'ambito della proprietà dei mezzi d'informazione.

Al riguardo scrive Giulietto Chiesa:" La lotta ingaggiata dal presidente contro i proprietari dei due più importanti canali TV della Russia ha sollevato numerosi interrogativi, molti dei quali tutt'altro che oziosi, sulla dedizione ai valori democratici e pluralistici del nuovo leader del Cremlino. È tuttavia innegabile che Berezovskij e Gusinskij abbiano gestito in questi anni quelle armi secondo i propri interessi, senza andare troppo per il sottile e senza curarsi del diritto all'informazione dei loro cittadini.[18]

Michail Borisovič Chodorkovskij, l'uomo più ricco della Russia, aveva cercato di resistere non accettando la strada per l'esilio (se pur agiato). Iniziò diverse attività imprenditoriali negli anni della Glasnost e della Perestroika, si impegnò nell'importazione di personal computer e nel 1988 fondò una banca privata chiamata Menatep. Fu consulente finanziario del primo governo Eltsin. Nei primi anni '90, approfittando dell'inflazione galoppante riuscì a guadagnare una somma ingente di denaro. A metà anni '90 Chodorkovskij entrò in possesso della Yukos, una conglomerata impegnata nella produzione di petrolio.[19] La cospicua somma accumulata consentì a quest'ultimo di poter partecipare al banchetto delle privatizzazioni acquistando azioni per ottenere il controllo di aziende pubbliche. La sua compagnia petrolifera produce tanto greggio quanto l'intera Libia. Tanto nella gestione degli affari petroliferi quanto nelle precedenti acquisizioni, Chodorkovskij (del resto come gli altri oligarchi) non detestò per nulla l'adozione di metodi che implicavano la violenza. La stampa russa pubblicherà un dettagliato elenco di azioni minatorie riconducibili ad alcuni dei suoi uomini.[20]

Pur non essendo in possesso di mezzi di informazione, il giovane oligarca, forte del suo patrimonio può tutto e ciò mette in allarme Putin che teme i suoi soldi e la sua ambizione dal momento che gira voce si stia candidando alla carica presidenziale e che sia pronto a fondare un partito.

La prima avvisaglia che riceve l'imprenditore è l'apertura di un'indagine di tipo fiscale sulle società da lui possedute.

Durante un convegno al Cremlino con tutti gli imprenditori più in vista della Russia, Putin si lamenterà del fatto che le aziende petrolifere pubbliche non abbiano sufficienti risorse poiché le aree più dotate sono in mano ai privati. Dal podio guardò Chodorkovskij e gli chiese: "Come ha fatto la sua società ad accumulare tante riserve? State risolvendo i vari contenziosi con il fisco?".[21]

Nonostante gli avessero consigliato di vendere allo Stato e auto esiliarsi, decise di raccogliere il guanto di sfida.

Nel 2003 i due terranno un altro incontro dove Putin lo diffiderà al troncamento dei finanziamenti dei partiti (ne verrà fuori uno ingente al Partito comunista), ma non si assumerà impegni in tal senso.[22] Lo scontro tra i due è ormai inevitabile.

Ad aggravare la posizione dell'oligarca saranno poi le sue trattative con gli americani della Exxon-Mobil e Chevron (due delle più importanti compagnie petrolifere al mondo) che, alla luce del nuovo corso scelto da Vladimir Putin incentrato sul nazionalismo economico e a ciò che egli definisce "riappropriazione delle risorse", risultano come una rischiosa sfida nei confronti del Cremlino.

Nel luglio del 2003 ci saranno gli arresti del presidente della Menatep, Planton Lebedev, e del capo della sicurezza della Yukos. A differenza del suo socio Nevzlin che si trasferirà in Israele, Chodorkovskij decide di lanciare una trafila di conferenze, alcune anche ai militari. Il 25 ottobre, viene ordinato l'arresto con le accuse di evasione fiscale e frode. La sua cattura è eseguita da un commando di teste di cuoio. Scriverà Anna Zafesova su "La Stampa" "Gli venne concesso abbastanza tempo per scegliere l'esilio, come altri suoi colleghi. Lui restò e si fece arrestare, forse non credendo fino all'ultimo che il Cremlino si sarebbe spinto a tanto".[23]

Chodorkovskij finirà prima in un carcere moscovita, poi in un campo di prigionia in Siberia.

La stampa internazionale ha riscontrato molte ombre sulla regolarità del processo e della strumentalizzazione a scopi politici delle vicende ma d'altra parte anche le modalità con le quali Chodorkovskij aveva fondato il suo impero presentavano molte ombre.

A seguito del processo Yukos sarà messa all'asta finendo poi per passare al colosso Rosneft, controllato dallo Stato.

L'oligarca che è sopravvissuto in maniera tranquilla (racconterà di essersi trovato "al momento giusto nel posto giusto) è sicuramente Roman Arkad'evič Abramovič. Costruito il suo impero nell'import-export (soprattutto per quando riguarda il mercato cinese) di prodotti petroliferi con la Runicom, acquista il gigante petrolifero Sibneft durante la svendita di Stato per soli cento milioni di dollari.

A seguito dell'ascesa di Putin, Abramovič sarà il meno sprovveduto tra gli oligarchi e, comprendendo in che verso tirava il vento, vende la Sibneft al colosso di stato Gazprom. Trasferitosi a Londra decide di acquistare la squadra di calcio della Premier League inglese Chelsea Football Club con la quale, grazie a cospicui investimenti,

otterrà parecchi risultati importanti che lo mette-
ranno in grande evidenza mediatica e oltretutto
riuscirà a conservare con Putin buoni rapporti.

Dunque, la Federazione Russa è riuscita a impos-
sessarsi nuovamente delle risorse energetiche, una
battaglia di sovranità scelta da Putin e sostenuta
dall'opinione pubblica.

Scriverà l'ex ambasciatore italiano a Mosca, Sergio
Romano: "La maggioranza dei russi, tuttavia, ri-
conosce a Putin il merito di avere messo fine alla
guerra di bande, tra le milizie e le guardie del cor-
po che proteggevano gli uomini d'affari, che
scoppiò nelle città russe. [...] Il governo non sarebbe riuscito a raddoppiare il reddito delle fasce
più povere della società se non avesse strappato
agli oligarchi e alle aziende straniere il controllo
pressoché totale del petrolio e del gas. E non sarebbe riuscito a creare un Fondo di stabilizzazione
che custodiva, prima della crisi, 107 miliardi di eu-
ro."[24] E ancora dirà l'ex direttore del Tg1 Domenico Volcic:" Il rafforzato controllo che Putin
cerca di esercitare sui gruppi in lotta costringe i
nuovi pescecani a ridimensionare i metodi del
primo periodo di totale anarchia miliardaria e a

utilizzare metodi più vicini a quelli delle società occidentali."[25]

Il sommergibile Kursk

Nelle storie delle nazioni dei popoli ci sono tragedie che catalizzano il sentimento di appartenenza. Nelle avversità, nelle difficoltà spesso si scopre un'identità comune che magari si era perduta. Per i russi questo momento arriva nell'agosto del 2000 e ha il nome del sommergibile *Kursk*. È un sommergibile a propulsione nucleare che sprofonda nel Mare del Nord. Quando viene recuperato i 107 marinai a bordo saranno tutti morti. Il suo compito era lanciare siluri a salve ma qualcosa va tragicamente storto perché un siluro esplode all'interno del sommergibile stesso.

Il presidente non si tira indietro, anzi ci mette la faccia. Il 22 agosto nel villaggio Vidyaevo Putin tiene una conferenza assieme ai familiari dei marinai e giornalisti. Uno di questi, Andrey Kolesnikov, ricorda: "Eravamo nella sala e aspettavamo. Io stavo in seconda fila, insieme alle mogli dei marinai. Sinceramente pensavo che lo avrebbero fatto a pezzi. Una di loro diceva "Perché viene qui? Non capisce cosa gli faremo adesso?". Si aspettavano che lo avrebbe tirato su e che avrebbe salvato il *Kursk* ma nello stesso tempo sapevano che non c'era speranza. Tutte le domande erano concentrate su un solo uomo".[26]

Così inizio Putin in quella sala con un clima davvero surreale: "Io penso che era difficile immaginare una cosa del genere, anche per me, posso dirvi sinceramente, sapevamo che il nostro paese fosse in una situazione difficile, che le forze armate sono in una situazione difficile, che la nostra flotta è in una situazione, se non rovinosa, comunque molto complessa. Ma non credevamo fino a questo punto. Hanno distrutto tutto, hanno mandato in rovina tutti i mezzi, non c'è più un soldo".[27]

"Una donna vicino a me svenne cinque minuti dopo l'inizio della conferenza", ricorda Kolesnikov, "Aveva gridato qualcosa. Lo avevano interrotto fin dall'inizio, era evidente che la gente avrebbe voluto parlare invece che ascoltare quello che aveva da dire."[28] A un certo punto Putin tacque e ascoltò quello che gli stavano dicendo ma poi cominciò a rispondere "Se fosse possibile, andrei io stesso a salvarli. Né i nostri tecnici né quelli stranieri sono in grado di tirare su il sommergibile.

Ve lo dico responsabilmente, non posso qui adesso parlare da politico e tagliare la corda. Non sto parlando da politico. Vi dico le cose come stanno, è una verità dolorosa ma è la verità così com'è."[29]

Questa tragedia venne poi strumentalizzata dalle emittenti televisive in mano agli oligarchi per mettere in cattiva luce Vladimir Putin. "Farebbero invece meglio a vendere le loro ville sulle coste francesi o spagnole e, a quel punto, dovrebbero anche spiegare perché i loro beni immobili sono intestati a nomi o società di comodo. E noi potremmo chieder loro dove hanno preso i soldi."[30]

La conferma

Il 14 marzo 2004 Vladimir Putin vince le elezioni presidenziali con circa il 71,9 percento dei voti. Il candidato comunista Kharitonov si ferma al 13,8 percento.

Sicuramente uno dei fattori che hanno portato Putin alla conferma con un così ampio consenso è la stabilità ottenuta, il pugno di ferro adottato contro il terrorismo di stampo ceceno (di cui parleremo nel prossimo capitolo *La lotta al terrorismo*), l'oggettiva ripresa economia, lo smantellamento del potere dell'oligarchia nonché la ripresa del prestigio di una nazione che sta diventando sempre più autonoma per quanto riguarda la politica estera.

NOTE

[1]Mediaset, documentario *"Il Presidente"* realizzato dall'emittente russa "Rossiya1" - Versione italiana curata dai giornalisti Alessandro Banfi e Carlo Gorla - Documentario andato in onda su Retequattro lo 07.12.15.

[2]Giulietto Chiesa, *Putin, uomo del destino,* in "La Stampa, lunedì 20 dicembre 1999, p. 7.

[3]Mediaset, documentario *"Il Presidente"* realizzato dall'emittente russa "Rossiya1" - Versione italiana curata dai giornalisti Alessandro Banfi e Carlo Gorla - Documentario andato in onda su Retequattro lo 07.12.15.

[4]Hubert Seipel, *Putin, ora parla lui,* cit., p. 144.

[5]Intervista a Sergej Stepašin, maggio 2015.

[6]Gregory Feifer, *Berezovsky's letter dominates news,* "The Moscow Times", 1° giugno 2000, disponibile al link: *www.russialisr.org/archives/4339.html##1.*

[7]Hubert Seipel, *Putin, ora parla lui,* cit., p. 149.

[8]Ibidem.

[9]Ben Aris, *Oligarch's power over Kremlin has come to an end, says Putin,* "The Telegraph", 29 luglio 2000, disponibile al link: *www.telegraph.co.ik/news/worldnews/europe/russia/1350892/Oligarchs-power-over-Kremlin-has-come-to-an-end-says-Putin.html.*

[10]Mediaset, documentario *"Il Presidente"* realizzato dall'emittente russa "Rossiya1" - Versione italiana curata dai giornalisti Alessandro Banfi e Carlo Gorla - Documentario andato in onda su Retequattro lo 07.12.15.

[11]Ibidem.

[12]Sabrina Tavernise, *Putin, exerting his authority, meets with Russia's tycoon,* "The New York Times", 29 luglio 2000, disponi-

bile al link: *www.nytimes.com/2000/07/29/world/putin-exerting-his-authority-meets-with-russia-s-tycoons-html.*

[13]Intervista ad Aleksej Judrin, maggio 2015.

[14]Hubert Seipel, *Putin, ora parla lui*, cit., p. 155.

[15]Gennaro Sangiuliano, *Putin, vita di uno zar*, cit., p. 199.

[16]Ansa, 26 dicembre 2000.

[17]Gennaro Sangiuliano, *Putin, vita di uno zar*, cit., p. 200.

[18]Giulietto Chiesa, *La lunga marcia del presidente*, in "30 giorni", n. 12, anno 2000.

[19]https://it.m.wikipedia.org/wiki/Michail_Borisovi%C4%8D_Chodorkovskij

[20]Gennaro Sangiuliano, *Putin, vita di uno zar*, cit., p. 204.

[21]Lorenzo Gianotti, *Putin e la Russia*, cit., p. 114.

[22] Gennaro Sangiuliano, *Putin, vita di uno zar*, cit., p. 205.

[23]Anna Zafesova, Kodorkovskij, *10 anni fa l'arresto e la Russia non è stata più la stessa*, in "La Stampa", 25 ottobre 2013.

[24]Sergio Romano, *Origini, ascesa e declino degli oligarchi russi*, in "Corriere della Sera", 10 ottobre 2011.

[25]Demetrio Volcic, *Il piccolo zar*, Laterza, Roma-Bari 2008, p. 119.

[26]Mediaset, documentario *"Il Presidente"* realizzato dall'emittente russa "Rossiya1" - Versione italiana curata dai giornalisti Alessandro Banfi e Carlo Gorla - Documentario andato in onda su Retequattro lo 07.12.15.

[27]Ibidem.

[28]Ivi.

[29]Ivi.

[30]In *Tragedia del Kursk, Putin si assume ogni responsabilità*, in "la Repubblica", 23 agosto 2000.

Vladimir Putin e Roman Abramovič a colloquio
(http://www.telegraph.co.uk/news/worldnews/vladimir-
putin/12120710/Vladimir-Putin-Roman-Abramovich-and-
the-25-million-yacht.html)

LE PROVE DA SUPERARE

Il rapporto con gli USA

20 gennaio 2001. Quando George Bush divenne presidente degli Stati Uniti d'America cominciò col richiamare con una certa frequenza il tema dei diritti civili, il discorso preferito sulla democrazia, sulla Cecenia, la libertà di stampa. Questi argomenti andavano a comporre il pacchetto standard delle critiche e ciò portò a un periodo di circa sei mesi dove si è verificato una sorta di *ping pong* mediatico. Washington alza i toni e Mosca faceva altrettanto. Per lungo tempo la Washington ufficiale aveva lasciato intendere di non essere pronta a parlare a quattrocchi con Mosca, ma il 16 giugno 2001 la situazione cambia. Per la prima volta Bush e Putin si stringono la mano a 40 chilometri da Lubiana nel castello di Brdo. Durante la conferenza stampa Putin si rivolgerà così ai giornalisti e al presidente statunitense: "Il presidente ascolta con molta attenzione le nostre argomentazioni. Ci si può fidare della Russia? Non sarò io a rispondere a questa domanda ma le porrò io la stessa domanda." rivolgendosi verso Bush il quale replicherà: "Rispondo io a questa domanda. Ho guardato

quest'uomo negli occhi e ho visto che si tratta di una persona franca che merita di essere creduta. Abbiamo avuto un dialogo molto interessante e ho potuto capire il suo cuore, è un uomo dedito al suo paese, è il migliore per il suo paese."[1]

Il fatto che non si sia trattato di una frase già preparata in precedenza, ma di una reazione spontanea alla prime impressioni ricevute dall'incontro col il presidente russo è confermato dal fatto che in sette anni loro si siano incontrati ben diciotto volte. Nonostante i buoi rapporti tra i due, gli USA in quel periodo storico erano convinti che la Russia fosse diventata una sorta di democrazia coloniale, che avesse una forte dipendenza dal fondo monetario internazionale, che la comunità di esperti avrebbe dovuto continuare a insegnar loro come sviluppare l'economia e dove pompare il petrolio.[2]

Dichiarerà Putin parlando del comportamento dei suoi partner occidentali: "Ci sembrava che dopo la caduta dell'URSS, l'aver accettato le limitazioni territoriali da essa derivate e che con la scomparsa di quell'elemento ideologico che ha diviso l'Unione Sovietica dal resto del mondo, avremmo avuto benessere e libertà e, come dice il poeta

Puškin, "I fratelli ci avrebbero dato le loro spade" e con fratelli intendevamo i paesi stranieri. Invece i "fratelli" non solo non avevano nessuna fretta di darci le loro spade ma erano pronti a dividersi quanto era rimasto della capacità bellica della Russia. [...] Io ho lavorato venti anni nel KGB ed io stesso ho creduto che con la caduta di quella barriera ideologica, sotto forma di monopolio del potere detenuto dal partito comunista, tutto sarebbe cambiato in maniera radicale ma non è stato così. Non è radicalmente cambiato perché il risultato è che queste cose semplici non accadono semplicemente perché ci sono anche gli interessi geopolitici che non sono assolutamente legati a nessuna ideologia. Il fatto è che i nostri partner avrebbero dovuto capire che un paese come la Russia ha e non può non avere i suoi interessi geopolitici. E bisogna avere rispetto gli uni per gli altri, cercare un equilibrio e soluzioni di reciproco interesse."[3]

Ma a quei tempi la Federazione Russa non aveva il peso geopolitico che aveva in precedenza e che ha riacquistato negli ultimi anni. "Una volta un noto uomo politico ebbe a dire che una buona parola e una Smith & Wesson sono molto più efficaci della sola parola buona e purtroppo aveva ragione" la Russia aveva la parola buona ma non la Smith & Wesson quindi a grandi linee era necessario rimettere in sesto le forze armate, risollevare l'economia e salvare l'industria bellica.

11/09/2001

L'attacco alle Twin Towers segna la fine non solo simbolica della guerra fredda. Il mondo non è più diviso fra est e ovest ma è segnato da un inedito scontro di civiltà. La Federazione Russa e gli Stati Uniti d'America sono alleati nella lotta contro il terrorismo. Anche se poi la diplomazia si divide sull'opportunità di invadere o meno l'Iraq. Vladimir Putin instaurerà buoni rapporti con personaggi europei di spicco come Chirac e Schröder (allora presidente della Francia e cancelliere della Germania).

Vladimir Putin fu il primo presidente che telefonò Bush. Quella telefonata fu la reazione naturale di un presidente che sapeva bene e capiva bene cosa fosse il terrorismo internazionale e in un'apparizione televisiva in occasione dell'11 settembre dichiarerà: "La Russia sa cos'è il terrore, non per sentito dire, e per questo capiamo i sentimenti del popolo americano. Rivolgendomi a nome della Russia al popolo statunitense, voglio dire che siamo con voi."

Per il 12 settembre erano previste delle esercitazione delle forze armate militari strategiche ma Putin decise di annullarle, non era il caso di innervosire ulteriormente gli americani in un momento simile, e ciò accadeva mentre i terroristi ceceni venivano chiamati dagli USA "combattenti per la libertà".

Su questa faccenda Putin rivelerà: "Una volta i nostri servizi speciali avevano evidenziato contatti diretti tra i combattenti del Caucaso settentrionale e i rappresentanti dell'intelligence americana in Azerbaijan, dove gli avevano concretamente aiutati per esempio con mezzi di trasporto. Quando ne parlai a Bush mi rispose, scusate la volgarità ma lo ripeto fedelmente: "Li farò il mazzo!". E dopo dieci giorni i miei soldati e i colleghi della sicurezza ricevettero una lettera dai corrispondenti di Washington "Noi abbiamo sostenuto e continueremo a sostenere i rapporti con tutte le forze di opposizione in Russia. Abbiamo il diritto di farlo e continueremo a farlo in futuro". In nessun caso mai in nessun luogo è ammissibile utilizzare il terrorismo per assolvere ai propri compiti politici o anche geopolitici contingenti perché se si sostengono i terroristi in un luogo, quelli alzeranno la testa in un altro e poi sicuramente colpiranno coloro che li hanno sostenuti."[4]

Evidentemente si pensava, soprattutto tra le fila delle intelligence dei paesi occidentali che contrastano il principale avversario geopolitico, che nella loro coscienza è rimasta la Russia, andasse a loro vantaggio sostenere gruppi di guerriglieri, ma invece così non è stato.

"Come prima viviamo nel vecchio sistema valoriale, parliamo di partenariato ma tutt'oggi non abbiamo imparato a fidarci l'uno dell'altro. Nonostante le numerose dichiarazioni di affetto noi continuiamo a essere nemici come allora. Oggi dobbiamo dichiarare una volta per tutte che la Guerra Fredda è finita. Oggi dobbiamo dichiarare che rinunciamo ai nostri stereotipi e alle nostre ambizioni e ora in avanti garantiremo insieme la sicurezza in Europa e in tutto il mondo. Oggi le decisioni vengono prese in parte senza la nostra partecipazione, dopodiché ci pregano vivamente di sostenere quelle decisioni e poi si parla di lealtà nei confronti della NATO. Dicono addirittura che senza la Russia è impossibile mettere in atto quelle decisioni. Ma allora poniamoci questa domanda: "È normale tutto questo? È davvero reale partenariato?".

Iraq

Sulla possibilità di un intervento militare o meno in Iraq, la diplomazia internazionale si è divisa. G.W. Bush individua fra i responsabili del terrorismo internazionale, oltre Osama bin Laden e l'organizzazione da lui capeggiata (*Al Qaeda*), anche il dittatore iracheno Saddam Hussein, il quale, accusato di possedere un arsenale di armi chimiche e batteriologiche nonostante i divieti imposti dall'ONU, diventa l'obbiettivo di una "guerra preventiva" contro l'estremismo islamico. Le pressioni degli USA e della Gran Bretagna per un intervento militare in Iraq si fanno particolarmente insistenti creando una profonda spaccatura politica nella comunità internazionale. Nonostante il fatto che molti Stati si dichiarino contrari a un conflitto deciso fuori dall'ambito delle Nazioni Unite, sia Bush che Tony Blair non desistono dai propri intendimenti bellici, motivandoli ulteriormente con appositi rapporti dei servizi segreti americani e inglesi contenenti le prove (rivelatesi

poi false) riguardo la pericolosità delle armi chimiche possedute dall'Iraq.

Putin e Blair si incontreranno nella dacia fuori città del presidente russo. Vicini l'un l'altro sembrano piuttosto rilassati. Il clima è gelido ma
l'incontro è cordiale. Il tono bonario della conversazione tra i due leader non ha cancellato il disac-
cordo sul problema dell'Iraq. Vladimir Putin ha
rigettato il documento del governo britannico sulle armi di distruzioni di massa che il ministro degli
Esteri russo ha definito un "documento di propa-
ganda". Blair ha sottolineato che entrambi i leader
sono d'accordo sulla necessità di una verifica in
merito agli armamenti. Durante la conferenza
stampa tenutasi in sede d'incontro Blair dichiarerà: "Forse esiste un altro punto di vista rispetto
alla fedeltà delle informazioni sulle armi di distruzione di massa in Iraq. Esiste un metodo sicuro
per conoscere le cose, consentire agli osservatori
di fare il proprio lavoro".[5]

Il sostegno alla nuova importante risoluzione
dell'ONU sull'Iraq da parte della Russia, membro
permanente del Consiglio di Sicurezza, sarà un
successo significativo. Ma si procede molto len-
tamente, la Russia è intenzionata a difendere i

propri interessi in Iraq. I diplomatici hanno ancora molto lavoro davanti. Tutti comprendevano fosse un momento di enorme responsabilità sia per l'Iraq sia per la regione e complessivamente per tutto il sistema internazionale.

Il segretario di stato americano Colin Powell accusò nuovamente Baghdad di possedere ancora tra i suoi armamenti un intero arsenale di armi chimico-biologiche e di mezzi per il trasporto delle sostanze velenose.

Putin dichiarerà: "Abbiamo ricevuto informazioni dai nostri colleghi in merito a questo collegamento tra il potere iracheno e *Al Qaeda* solo di recente al Consiglio di Sicurezza dell'ONU, quando i nostri amici americani hanno pronunciato le relative dichiarazioni. Io sono in politica da non molto tempo, prima, come sapete, lavoravo nei servizi di sicurezza e ritenevo di conoscere tutto dall'interno. Ma quando sono entrato in politica ho capito che io e i miei colleghi russi, francesi e gli altri colleghi che lavorano nei servizi sono dei lattanti rispetto ai politici."

L'itinerario Mosca-Parigi-Berlino, dove i tre leader dichiararono che, assieme al maggior numero di stati membri della comunità mondiale, il problema dell'Iraq poteva e doveva essere risolto con mezzi diplomatici, stabilì un presa di posizione ben precisa. Nonostante quest'opposizione si arrivò all'inizio della seconda guerra del Golfo (20 marzo 2003).

Dubrovka

L'11 settembre della Federazione Russa è ambientato in un teatro, il teatro Dubrovka di Mosca. È in atto il musical *Nord-Ost*, il primo in stile occidentale prodotto in Russia. Il primo atto si conclude tra gli applausi del pubblico. Sono le 21:56. All'improvviso un gruppo di circa trenta persone irrompe in sala. Sono tutte vestite di nero, la maggior parte armata di kalashnikov. A guidare i terroristi ceceni è Movsar Barayev, nipote di un capo guerrigliero rimasto ucciso nel 2001 in uno scontro a fuoco con le forze russe. Il mondo è col fiato sospeso per ben tre giorni, dal 23 al 26 ottobre del 2002. Vladimir Putin sa che si gioca il proprio destino e quello del suo paese in un teatro, fra un palco e una platea dove circa trenta terroristi islamici di origine cecena tengono in ostaggio 850 persone. L'edificio viene circondato dalla polizia e dalle forze speciali del gruppo Alpha. Sul posto accorrono il sindaco di Mosca (Lužkov) mentre Putin annulla la partenza per il Messico dove si sarebbe dovuto tenere un incontro con George Bush. Dichiara: "Non c'è alcun dubbio che si tratta degli stessi criminali che per diversi anni hanno terrorizzato la Cecenia, seminando morte e distruzione, e adesso invece chiedono la cessazione delle ostilità."[6].Lo scenario è da incubo. Ricorda Evgenj Primakov (membro della'Accademia russa delle Scienze) :"Era ormai notte, intercettata la guardia, mi fecero entrare. Incontrai il capo di quell'azione terroristica, Barayev. Lui era a viso scoperto, ma c'erano altre persone con il passamontagna. Io gli dissi di lasciare andare donne e bambini, nel corano non è scritto da nessuna parte che si può fare la guerra contro donne e bambini. Lui mi rispose che se non fossero state fatte evacuare dalla Cecenia le truppe russe, dalle 10 del mattino ne avrebbe ucciso uno ogni mezz'ora."[7] Il Consiglio di Sicurezza delle Nazioni Unite condannerà "nei termini più forti possibili" il sequestro, definendolo "una minaccia alla pace e alla sicurezza internazionale" e inoltre ordina al gruppo di terroristi il rilascio "immediato e senza condizioni". Gli spazi di manovra sono stretti e Putin ne è consapevole. Infatti Barayev non è un politico ceceno, vuole solo la vendetta, "o vittoria o paradiso", continua a gridare. Il presidente è disposto a concedere un salvacondotto per i terroristi, i quali però non sono interessati. Scriverà Enzo Battista su "La Stampa": "È il World Trade Center di Putin, questo teatro moscovita dove dalla scena allegra si è passati alla tragedia in platea con un migliaio di vittime potenziali, circa un terzo rispetto a quelle incenerite dall'assalto di al-Qaeda alle Torri. I paragoni e le considerazioni che subito affollano la mente sono impressionanti."[8].Offrire l'impunità ai terroristi è già uno sforzo enorme per il Cremlino. Il premier ceceno, Akhmed Zakayev lancia un appello ai terroristi affinché trattino con pretese meno proibitive.

Alle 5:30 del mattino del giorno 26, all'improvviso Barayev comincia a urlare, fa prelevare diversi ostaggi che verranno trascinati nei corridoi laterali. Da fuori si sentiranno dei colpi di arma da fuoco. Scrive "la Repubblica": "Poco prima i guerriglieri ceceni, che da tre giorni erano asserragliati nell'edificio, avevano cominciato a eliminare alcuni degli ostaggi che tenevano nelle loro mani. Due civili vengono uccisi, un gruppo di prigionieri cerca di fuggire. Fuori, insieme alle raffiche di mitra e alle esplosioni, si diffonde la consapevolezza che il blitz non è più rimandabile."[9]

Le autorità russe avevano accordato che, in caso di esecuzioni degli ostaggi, sarebbe scattato il blitz. Prima viene spento il faro che illumina l'ingresso principale, poi attraverso i condotti d'areazione si inizia a immettere un gas (si scoprirà si trattasse del Fentanyl) che ha il compito di tramortire i terroristi (ma purtroppo anche gli ostaggi). Una volta storditi, l'assalto vero e proprio ha inizio, condotto da unità d'elitè. Le unità speciali penetrano sia dal tetto che dalle fogne che da diverse altre parti. Tutti i terroristi vengono uccisi, se ne conteranno 49 (più dei conteggi iniziali). Fatalmente moriranno molti ostaggi. La procura di Mosca ne confermerà 129. La sera del 26 ottobre Vladimir Putin parlerà ai russi in televisione: "Non abbiamo potuto salvare tutti. Perdonateci. Abbiamo fatto quasi l'impossibile, salvare la vita a centinaia e centinaia di persone. Abbiamo dimostrato che non si può mettere in ginocchio la Russia. I terroristi non hanno un futuro, noi sì."[10]

Nei giorni e nei mesi successivi emergeranno notizie da alcuni media secondo i quali, stando alle conferme degli ospedali, si affermerà che il gas è stato letale per molti ostaggi. I membri dell'opposizione parleranno di "Ottusità di un potere che ha voluto a tutti i costi mostrare i muscoli". Amnesty International chiederà un'inchiesta. Le critiche arrivano anche dai britannici e dai francesi. Ma dalle parte di Putin si schiereranno il premier italiano Silvio Berlusconi e la Cina.

C'è anche da dire che i critici del blitz non hanno mai esposto probabili alternative in quella situazione. Le possibili ipotesi erano state valutate, un blitz alla luce del sole senza l'uso di gas era più pericoloso in quanto le donne cecene che facevano parte del gruppo di sequestratori erano pronte a farsi saltare in aria.[11] Ricordando l'accaduto Vladimir Putin confessa: "È stato il momento più brutto della mia vicenda politica, il più tragico che il nostro popolo ha dovuto sopportare."

Stadio Sultan Bilimkhanov

9 maggio 2004, nello stadio di Grozny, capitale della Cecenia, si stanno svolgendo le annuali cerimonie per celebrare la vittoria del 1945 sul nazismo. Doveva essere una giornata di festa. È stata una strage: 32 morti e 46 feriti.

Tra le vittime il presidente filo-russo della Repubblica caucasica, Akhmad Kadyrov. Morto anche Eli Isayev, capo del Consiglio di Stato della Cecenia. Tra le vittime un giornalista della Reuters: il 33enne Adlan Khasanov, che lavorava in Cecenia per l'agenzia britannica in qualità di fotografo e operatore dalla fine degli anni Novanta. Riporta il "Corriere della Sera": "Poche ore dopo la strage, cinque sospetti sono stati arrestati dalla polizia e sono ora sotto interrogatorio. Lo ha riferito l'agenzia Itar-Tass, citando un portavoce del ministero degli interni ceceno. Il portavoce ha affermato che i cinque sospetti sono stati presi un'ora dopo l'esplosione e che i loro nomi non vengono divulgati "nell'interesse delle indagini."[11]

Putin convocherà il figlio di Akhmad Kadyrov, Ramzan, e dichiarerà: "Il presidente della Repubblica Cecena Akhmad Kadyrov ha assolto al proprio compito di fronte al suo popolo. In tutti questi anni ha tutelato personalmente la Cecenia e i ceceni. Con decisione ha portato la sua Repubblica alla vita pacifica. Akhmad Kadyrov è scomparso il 9 maggio, nel giorno della nostra festa nazionale, nel giorno della vittoria. E se n'è andato da imbattuto."[12]

Beslan

In Russia, secondo tradizione, il 1° settembre è il primo giorno di scuola nonché festa chiamata "Giorno della Conoscenza" e nelle scuole si organizzano per l'occasione delle vere e proprie cerimonie. La parte più significativa è quando i bambini che accedono al primo anno, donano un omaggio floreale ai ragazzi dell'ultimo e questi li accompagnano in classe per mano. Si entra a cinque/sei anni e si esce a diciotto. La scuola "Numero 1" di Beslan (Ossezia del Nord-Alania) è la tipica struttura di epoca sovietica che dal punto di vista estetico lascia sicuramente a desiderare. L'ingresso in aula è previsto per le 8:30. Alle 9:30 suona la campanella. Mentre tutti entrano nell'edificio, un gruppo di individui muniti di passamontagna e armi da fuoco in pugno scende da dei furgoni delle forze armate. Sparano in aria e costringono tutti a entrare. L'intero commando è composto da 32 terroristi, tra i quali militano anche elementi di al-Qaeda. A inizio sequestro vengono uccise 16 persone. Inizialmente si conteranno 350 persone sequestrate ma le stime finali ammonteranno all'enorme cifra di circa 1200 tra insegnanti, bambini e personale. "Uccideremo

cinquanta bambini per ogni guerrigliero ucciso"
così si presentano i terroristi. E si capisce che
fanno sul serio dal momento che, dopo aver con-
vogliato molti ostaggi nella palestra, li dispongono
seduti per terra l'uno accanto all'altro, pronti
all'esecuzione.

Vietato parlare e sequestro immediato di cellulari,
queste sono le regole, e chi trasgredisce verrà
istantaneamente ucciso.

Le forze di polizia che giungeranno sul luogo
avranno un'ulteriore prova della loro folle deter-
minazione. I terroristi gettano i corpi senza vita
degli ostaggi dalle finestre. Costringono alcuni
ostaggi (tra cui bambini) a pulire il sangue sul pa-
vimento.[13] La palestra viene minata e i terroristi
dispongono delle mine a pressione sotto una pedana sopra la quale si alternano. Ciò che accadrà
nel momento in cui la pedana sia priva di con-
trappeso è tragicamente chiaro.

Si sta per rivivere la tragedia del teatro Dubrovka.
Una donna cecena facente parte degli attentatori
fa esplodere per errore una cintura e uccide altri
due sequestratori e diversi ostaggi.

Vengono rigettate tutte le proposte delle autorità e a 52 ore dal sequestro i bambini non hanno né mangiato né bevuto.

Alle 13:00 circa viene concesso l'ingresso a 4 medici per assicurarsi delle condizioni dei bambini. Appena entrano, all'interno della palestra, si verificano due potenti esplosioni. Si scatena il caos, un muro intero crolla, diversi ostaggi fuggono verso i militari. Inizia la battaglia, colpi di kalashnikov tuonano, esplodono granate, alcuni ostaggi cadono sotto il fuoco incrociato di terroristi e forze speciali.

L'assalto non era stato programmato, è successo tutto dopo le esplosioni. Dopo due ore di inferno le forze speciali conquisteranno la scuola.

Sullo svolgimento e sul come si sia scatenata la battaglia ci saranno diverse versioni. "L'evoluzione degli avvenimenti è stata troppo veloce e si è svolta in maniera inaspettata" dichiarerà Putin.[14]

Si conteranno 334 morti, un massacro. Putin proclama due giorni di lutto mentre sarà bersagliato dalla stampa. Le critiche denotano sicuramente un fine strumentale ma è evidente che la gestione politico-militare dell'accaduto fu certamente lacunosa e grossolana. Anche qui la domanda è la stessa: cosa si poteva fare per evitare questo epilogo? Ciò che purtroppo resta è il peso immenso della perdita di vite umane innocenti.

Georgia, giro di prova

Il 7 agosto 2008 le truppe georgiane attaccano l'Ossezia del Sud per sottomettere la provincia al governo centrale della capitale Tbilisi. Mosca risponde inviando l'esercito russo. La *blitz krieg* nel Caucaso tra Georgia e Russia porta l'Europa sull'orlo di una guerra, come accadrà più tardi in Ukraina.

Quella del 2008, presentata da Tbilisi come un conto da sistemare contro la vecchia Unione Sovietica[15], si rivelò una partita fatale contro Mosca per annettere una provincia da tempo indipendente.

Questa guerra è stata un'ottima cartina tornasole per Vladimir Putin il quale ha avuto conferma del fatto che le soluzioni militari siano l'unico idioma che l'Occidente recepisce quando si tratta di sistemare gli interessi russi. La battaglia rafforza in lui la convinzione che l'Occidente cerchi ogni pretesto per destabilizzare il suo paese e se medesimo. La Georgia è il giro di prova in vista dello scontro che si verificherà nel territorio ukraino.

Nella pratica, il tentativo dell'allora presidente Mikheil Saak'ashvili di far entrare rapidamente la Georgia nella NATO, con l'appoggio degli USA, fallisce.[16]

Il bombardamento della capitale Tskhinvali da parte dell'esercito georgiano è cominciato nella notte tra il 7 e l'8 agosto. Lo scontro si trascinerà per cinque giorni. Si contano in Ossezia centinaia di morti e migliaia di feriti. L'azzardo politico di Saak'ashvili costerà la vita di circa 200 tra soldati e poliziotti.

La notizia dell'attacco raggiunge Putin che si trova a Pechino in vista della cerimonia di inizio dei Giochi olimpici. La dichiarazione di Putin durante una conferenza stampa organizzata di fretta alla bene e meglio, in qualità di primo ministro in quanto, giunto alla scadenza del secondo mandato, aveva lasciato l'incarico a Dmitrij Medvedev, è chiarissima: "La Georgia ha avviato un'aggressione militare con armi pesanti, artiglieria e carri armati. È una triste vicenda, che avrà senz'altro serie conseguenze."[17]

Arriverà anche Bush a Pechino per la cerimonia di apertura. "Mi fu chiaro che Washington non avrebbe fatto nulla per fermare il conflitto. Temo che Bush non avesse buoni consiglieri."[18]

Putin riparte e atterrà a Vladikavkaz, la capitale dell'Ossezia del Nord. Putin parla con aria decisa con i comandanti russi stanziati lì e fa visita ai soldati feriti, compiti che teoricamente spetterebbero al presidente Medvedev.

L'esercito russo contrattacca ed entra in Georgia con i mezzi corazzati, qualche giorno dopo Saak'ashvil sigla un armistizio, sotto la mediazione del presidente francese Nicolas Sárközy in veste di rappresentante dell'UE.

Nella capitale georgiana Tbilisi si riuniranno Saak'shvili, l'allora presidente polacco Lech Kaczyński, Vladas Adamkus, Valdis Zatlers e Toomas Ilves, rispettivamente capi di stato di Lituania, Lettonia ed Estonia. Putin non è sorpreso della loro presenza.

"Che altra scelta avevamo, se non quella di intervenire militarmente? Limitarci a ripulire le macchie di sangue e andarcene in giro scuotendo la testa?" è la domanda retorica di Putin.[19] Inoltre osservando i notiziari occidentali mentre si trovava a Pechino "nessun grido di indignazione, niente, come se non fosse successo nulla. Era tutta e solo colpa nostra", l'ennesima conferma di poter fare affidamento esclusivamente sulle proprie forze.[20]

Ancora una volta Vladimir Putin finisce sotto i riflettori, "All'inizio della guerra in Georgia Medvedev si è tirato indietro. Il consigliere diplomatico di Putin, Jurij Ushakov, ha raccontato all'ambasciatore tedesco che Putin era molto preoccupato per il fatto che Medvedev non si fosse mostrato più deciso l'8 agosto. Pensava che fosse un errore e ha telefonato più di una volta da Pechino. [...] Quando il conflitto si è raffreddato e Medvedev ha concordato l'armistizio con Sárközy [...] si è tornati al giusto equilibrio, anche se i francesi ci hanno informato che Putin era presente all'incontro. [...] Dopo il conflitto con la Georgia nessuno ha più dubbi che Putin sia rimasto il numero uno di questo sistema politico."[21] Putin replicherà affermando che le decisioni sono state prese dal presidente e che senza l'ordine di Medvedev non si sarebbe messo in moto nessun mezzo. Putin tiene all'etichetta.

NOTE

[1]Mediaset, documentario *"Il Presidente"* realizzato dall'emittente russa "Rossiya1" - Versione italiana curata dai giornalisti Alessandro Banfi e Carlo Gorla - Documentario andato in onda su Retequattro lo 07.12.15.

[2]Ibidem.

[3]Ivi.

[4]Ivi.

[5]Ivi.

[6]Gennaro Sangiuliano, *Putin, vita di uno zar,* cit., p. 229.

[7]Mediaset, documentario *"Il Presidente"* realizzato dall'emittente russa "Rossiya1" - Versione italiana curata dai giornalisti Alessandro Banfi e Carlo Gorla - Documentario andato in onda su Retequattro lo 07.12.15.

[8]Enzo Bettiza, *La Guerra dentro casa,* in "La Stampa", 25 ottobre 2003.

[9]*Blitz notturno nel teatro, muoiono più di 90 ostaggi,* in, "la Repubblica", 26 ottobre 2002, disponibile al link: http://www.repubblica.it/online/esteri/moscadue/blitz/blitz.html.

[10]Gennaro Sangiuliano, *Putin, vita di uno zar,* cit., p. 232.

[11]*Bombe allo stadio di Grozny, 32 morti e 46 feriti,* in, "Corriere della Sera", 9 maggio 2004, disponibile al link: http://www.corriere.it/Primo_Piano/Esteri/2004/05_Maggio/09/cecenia.shtml

[12]Mediaset, documentario *"Il Presidente"* realizzato dall'emittente russa "Rossiya1" - Versione italiana curata dai giornalisti Alessandro Banfi e Carlo Gorla - Documentario andato in onda su Retequattro lo 07.12.15.

[13]Gennaro Sangiuliano, *Putin, vita di uno zar*, cit., p. 241.

[14]Ivi, p. 243.

[15]*Wir stehen vor einem "neuen Kalten Krieg"*, "Focus Online", 14 agosto 2008, disponibile al link: www.focus.de/politik/diverses/georgien-wir-stehen-vor-einem-neuen-kalten-krieg_aid_324751.html.

[16]Helene Cooper, C.J. Chivers, Clifford J. Levy, U.S *watched as a squabble turned into a showdown*, "The New York Times", 17 agosto 2008, disponibile al link: www.nytimes.com/2008/08/18/washington/18diplo.html.

[17]Jon Swaine, *Vladimir Putin vows Russia will retaliate against Georgia*, "The Telegraph", 8 agosto 2008, disponibile al link: www.telegraph.co.uk/news/worldnews/europe/georgia/25 21987/Vladimir-Putin-vows-Russia-will-retaliate-against-Georgia.html.

[18]Hubert Seipel, *Putin, ora parla lui*, cit., p. 192.

[19]Ivi, p. 193.

[20]Ivi.

[21]*Medvedev loses out in Russia-Georgia war*, WikiLeaks, 26 agosto 2008, disponibile al link; www.wikileaks.org/cable/2008/08/0/MOSCOW2563.html
.

Vladimir Putin e il presidente George W. Bush
(http://www.powerlineblog.com/archives/2014/03/what-
did-obama-and-putin-talk-about-for-an-hour-and-a-
half.php)

POLITICA ESTERA E FUTURO

Unipolarità e Bipolarità

Il mondo può essere nelle mani di un solo padrone? Non è una semplice domanda retorica o letteraria. Per Putin è una questione chiave del nuovo ordine mondiale in questo nuovo millennio. Sono gli studi di geopolitica cui il presidente si dedica moltissimo, è lui il primo a formulare l'idea di Eurasia in cui al centro c'è la Federazione Russa, il paese geograficamente più vasto del pianeta dal momento che si spinge fino all'Oceano Pacifico, in relazione all'Europa. Riguardo a questo importante tema, il 10 febbraio 2007 in quel di Monaco di Baviera durante la 43° Conferenza sulla Sicurezza, Vladimir Putin pronuncerà un importante discorso davanti ai giornalisti di tutto il mondo, Angela Merkel e altri personaggi di spicco.

"La storia dell'umanità naturalmente conosce già periodi di unipolarità e di aspirazioni al dominio sul mondo. Nella storia del mondo c'è stato di tutto. Ma cosa significa mondo unipolare? Per quanto quest'espressione possa essere abbellita, in ultima analisi ha un solo significato concreto: un solo centro di potere, un solo centro di forza, un solo centro di assunzione di decisione. È il mondo di un solo padrone, di un solo sovrano. [...] Azioni unilaterali, spesso non legittime, non hanno risolto alcun problema, hanno addirittura generato nuove tragedie umane e focolai di tensione."[1]

In quel momento i giornalisti tedeschi e di altri paesi dimenticano di essere giornalisti, hanno smesso in generale di prendere appunti. Stavano seduti a bocca aperta e guardavano e ascoltavano quello che stava dicendo.

La sosta

Durante una conferenza tenutasi dopo l'elezione del nuovo presidente Medvedev (che si attesta il 7 maggio del 2008 con il 69 percento dei voti), viene chiesto a Putin quale sia stato un fallimento del suo operato. Putin risponderà: "Io non vedo nessun grande insuccesso. Tutti gli obiettivi fissati sono stati raggiunti, gli impegni assolti. Io non provo vergogna davanti ai cittadini che mi hanno votato due volte eleggendomi presidente della Federazione Russa. In tutti questi otto anni ho sgobbato come uno schiavo ai remi, dal mattino alla sera e l'ho fatto con tutte le mie forze. Sono soddisfatto dei risultati del mio lavoro".

Quando Vladimir Putin divenne primo ministro sembrava giunto il momento di riposare sugli allori. Aveva salvato il paese dal fallimento, condotto sulla strada di una crescita sostenibile, pagato debiti esterni e interni, aumentato il livello di vita della popolazione. Ma scoppia la crisi mondiale. Putin si è presentato e ha detto: "Io ho la responsabilità che non si ripeta da noi il '98" si è rimboccato le maniche e ha ricominciato a remare.

Siria

Il mondo di oggi non è multipolare, non può esistere un solo padrone del mondo, un solo polo che decide tutto. Ma il mondo, la diplomazia e la politica internazionale se ne rendono conto in un momento preciso della storia. La crisi siriana del settembre 2013 (intanto Putin era stato eletto per il suo terzo mandato da presidente dopo la parentesi Medvedev con il 63,64 percento dei voti).

Allora le posizioni sono chiare: Obama vuole intervenire militarmente (Nobel per la Pace) in Siria. Vladimir Putin, e lo scrive anche la prima pagina del "New York Times", è contrario.

5 settembre 2013. Barack Obama attraversa l'Oceano Atlantico per intavolare la trattativa diplomatica. "Spero che si discuta della situazione in Siria. Io ritengo che ci convenga considerare con attenzione il fatto che noi congiuntamente riconosciamo che l'impiego di armi chimiche in Siria sia non semplicemente una tragedia ma anche una violazione della legislazione internazionale". Da Stoccolma il presidente degli USA si recherà a San Pietroburgo per il summit del G20. Putin avanzò l'ipotesi di far sottoscrivere alla Siria di Assad la convenzione sul divieto delle armi chimiche e l'impegno a smantellarle.

Dichiarerà Putin: "Ricordo che l'impiego della forza rispetto a uno Stato sovrano è possibile esclusivamente nel caso questo avvenga per autodifesa, e come noto la Siria non ha attaccato gli Stati Uniti d'America, oppure un secondo caso, per decisione del Consiglio di Sicurezza dell'ONU."

Fino ad allora Obama e Putin non avevano trattato della questione a tu per tu ma il 7 settembre, assolutamente senza programmazione, avvenne il contatto. I partecipanti del G20 furono testimoni del fatto che avevano cominciato a conversare,

Vladimir Putin e Barack Obama. Iniziata questa conversazione in piedi, si sedettero in un angolo della grande sala e all'inizio si trattò di pochi minuti. Tutti i capi di stato rimasero in piedi ad aspettare. Poi la cosa durò cinque minuti, dieci minuti. Loro naturalmente non notavano quello che stava accadendo. Dal punto di vista formale della cerimonia fu un'imbarazzante pausa di sospensione, ma tutti i capi di stato guardavano verso quell'angolo dove erano seduti i due presidenti e si percepiva l'assoluta comprensione dell'importanza per tutto il mondo di quella conversazione. Certo, Putin e Obama non riuscirono a risolvere la questione siriana ma era evidente che era stato oltrepassato lo stallo iniziale.

Da allora sono passai quattro anni e la situazione attuale in Siria, alla luce di quanto accaduto con la questione delle armi chimiche (da una parte USA e Occidente sostengono che siano stati utilizzati i missili in barba alla convenzione sottoscritta, dall'altra Assad dichiara che il raid chimico sia stato "costruito al 100%"[2]), è lontana dalla risoluzione. Il repentino cambio di direzione di Trump sulla Siria, evidenziato con il raid effettuato il 7 aprile

2017 (impiegati 59 missili Tomahawk) irrita non poco Putin.

Riporta il "Quotidiano.net": "Il Cremlino ha reagito con forte irritazione, condannando l'attacco "contro uno stato sovrano, in violazione delle leggi internazionali e con un falso pretesto" e "minerà la lotta al terrorismo", ma non è andato oltre. L'arma più potente in mano a Putin non è probabilmente quella militare - offrire alla Siria una no-fly zone antiamericana usando i propri radar e i propri missili, cosa possibile -, ma quella della diffusione di informazioni antitrump nel Russiagate. Ma quella è l'arma finale - politicamente "l'opzione nucleare" nei rapporti tra Usa e Russia - e Putin probabilmente se la terrà ben stretta fino a che non diventasse ai suoi occhi inevitabile."[3]

L'attacco porterà "danni considerevoli" alle relazioni tra Russia e Stati Uniti, si legge nella nota del Cremlino. L'attacco "viola la legge internazionale. Washington ha compiuto un atto di aggressione contro uno Stato sovrano", ha detto il presidente russo Vladimir Putin, citato dal portavoce del Cremlino Dmitri Peskov, secondo i media russi. Il rappresentante russo al Palazzo di vetro ha accusato gli Stati Uniti di aver commesso una "flagrante violazione della legalità internazionale" bombardando la base aerea siriana di Shayrat. Per la portavoce del ministero degli Esteri russo, Maria Zakharova, l'attacco americano "è un colpo colossale arrecato proprio ai processi che portavano alla ricomposizione pacifica" della crisi siriana "sia ad Astana sia a Ginevra".[4]

Crimea

"La cosa più importante per noi era capire cosa voleva la gente che vive in Crimea. Cosa vuole? Vuole restare in Ukraina oppure con la Russia? Se la gente vuole tornare in Russia e non vuole restare sotto il potere dei neonazisti, non abbiamo il diritto di abbandonarla ed è una questione assolutamente di principio. Io ne parlai allora con i miei partner. Io non so quali interessi difenderete ma noi nel difendere i nostri andremo fino in fondo. Suppongo che abbiamo agito correttamente e non rimpiango nulla".

La Crimea torna alla Russia per esito del referendum svoltosi il 16 marzo 2014. La partecipazione è elevata (84,2 per cento l'affluenza alle urne), mentre l'Ukraina invita all'astensione. La percentuale dei voti favorevoli sarà del 97,32 percento.[5]

"Dopo una faticosa, lunga e spossante traversata, la Crimea e Sebastopoli sono ritornate alla baia natia, alle patrie sponde, nel porto della loro nazione originale, in Russia".[6]

Putin riceve una lunga chiamata da Obama. Le posizioni sono chiarissime: il presidente degli USA sancisce che: " Gli Stati Uniti e la comunità internazionale non riconosceranno mai il referendum sulla Crimea". Dall'altra parte Putin replicherà: "Il voto è stato regolare, lo hanno potuto constatare gli osservatori internazionale e centinaia di giornalisti, anche americani, presenti, che hanno girato liberamente per i seggi." Su questa vicenda Gennaro Sangiuliano scrive: "Difficile che all'origine della crisi ukraina Vladimir Putin potesse valutarne questo esito. Non c'è dubbio, invece, che con grande abilità si sia inserito con tempismo sfruttando il corso degli eventi a vantaggio della Russia. Quando si scriverà la storia del ritorno della Crimea alla Russia, fatto che oggi appare acquisito e difficilmente suscettibile di mutamento, si dovrà convenire, al di là delle posizioni assunte, sull'abilità di Vladimir in questa partita."[7]

Le sanzioni non tarderanno ad arrivare.

Korea del Nord

Gli insuccessi di Mosca nella sua attività di relazione con l'Unione Europea e gli Stati Uniti, spingono Putin a volgere lo sguardo verso l'Oriente. Infatti, anche alla luce di ciò, gli ultimi anni sono stati marcati da un ritorno di Mosca nelle questioni dell'Oriente asiatico e da un'intensificazione dei legami con paesi come la Cina (dopo la precedente rottura dei tempi di Chruščëv).

La questione della Korea del Nord offre l'occasione di consolidare quel ruolo di primo piano nel panorama internazionale a 360°, nello stesso momento in cui la questione ukraina rende difficili i rapporti con l'Occidente.

Dal punto di vista economico e commerciare, Mosca è in buoni rapporti con le due Koree e manda avanti i suoi progetti eurasiatici. Dalla rete transiberiana al progetto del gasdotto interkoreano, studiato per approvvigionare il Sud (secondo importatore mondiale di gas naturale), le iniziative si moltiplicano.[8] Ulteriori benefici che il Cremlino potrebbe ottenere da un raccordo fra Corea del Sud e resto del Continente asiatico ne fanno uno dei maggiori sostenitori di un rasserenamento dei rapporti tra Nord e Sud della penisola.

Durante il suo primo anno al governo, Putin incontrò Kim Jong-il (padre dell'attuale leader Kim Jong-un) a Pyongyang nel 2001. I rapporti tra le due compagini si limiteranno a qualche scambio di carattere diplomatico.[9]

Mosca, al pari di Pechino, Seoul, Tokyo e Washington, non ha alcun interesse nel vedere la Korea del Nord dotarsi di un arsenale atomico e sul piano diplomatico, la Federazione Russa cerca di mediare tra Nord Korea e USA, alla luce dei rapporti ancora non compromessi con Pyongyang.

Stati Uniti e Nord Korea sono statati più volte inviati a risiedere al tavolo delle trattative ma allo stesso tempo il Cremlino non risparmia critiche al modo americano di trattare il problema nordkoreano. Le incertezze dimostrate da parte degli USA hanno sicuramente conseguenze che superano i limiti della Casa Bianca e finiscono per favorire le altre potenze, Russia e Cina su tutte.[10]

Donald Trump

Il rapporto fra Donald Trump e Vladimir Putin è molto discusso dai media. Da quando il nuovo presidente statunitense si è insediato alla Casa Bianca (non senza critiche sul probabile boicottaggio della campagna da parte della Russia), la stampa occidentale non smette di chiedersi se con Trump il presidente della Federazione Russa abbia trovato finalmente trovato un allenato tra le fila occidentali che gli concederà una certa influenza politica. Tutto mentre si parla di hacker russi e mentre Hillary Clinton accusa Vladimir Putin di essersi immischiato nella campagna elettorale americana.[11] Si parlerà del "furto" delle email dai server del suo partito.

L'ex direttore della CIA Michael J. Morell ha descritto sul "New York Times" il fenomeno Trump come il capolavoro dell'ex agente del KGB. "Vladimir Putin ha reclutato Donald Trump" afferma Morell.[12]

Stando a quanto risulta agli atti, la relazione tra i due presidenti è iniziata nel 2015 durante una conferenza dove in presenza di oltre mille giornalisti Putin aveva dichiarato che Trump fosse "un uomo dai mille talenti" e con buone speranze di successo.

Per Trump non è la Russia il vero nemico. L'avversario numero uno è, secondo la sua opinione, la Cina (diventerà virale la sua avversione contro questo paese) che "violenta economicamente gli Stati Uniti senza pietà e nessuno fa niente al riguardo." Ma sempre a proposito di "avversari", Vladimir Putin alla domanda: "Perché esiste ancora la NATO?" ha risposto dicendo: "Non esiste più il blocco orientale, né l'URSS. Perché esiste ancora la NATO? Mi sembra che per giustificare la propria esistenza la NATO sia in costante ricerca di un nemico esterno o di qualche provocazione". Durante la campagna elettorale Trump ha duramente criticato l'alleanza, ma dopo l'elezione ha iniziato a sostenere la NATO dichiarando che tutti i suoi membri devono pagare una "quota equa" di contributi ad essa.[13]

Vladimir Putin e Donald Trump, tra il "Russiagate" e i contrasti che stanno sorgendo riguardo la questione siriana, sono al centro di argomenti sulle più svariate proiezioni. Sicuramente è ancora presto per cercare di ipotizzare evoluzioni di questo strano rapporto ma sicuramente si sentirà parlare di questi due personaggi almeno fino al 2018 (anno delle elezioni in Russia).

Sguardo al futuro

Misuratamente duro, tuttavia bisogna considerare che se devi essere il presidente di un così grande paese forte, devi essere come il tuo paese, grande e forte.

Il bilancio della storia è sempre difficile e le somme vere si tirano solo dopo tanto tempo, eppure i fatti, i numeri, le statistiche, ci dimostrano che la Federazione Russa sotto la guida di Vladimir Putin ha cambiato passo. Soprattutto è cambiato il suo peso strategico globale. Oggi il pianeta è guidato da diversi personaggi che si affiancano nella leadership. Vladimir Putin è un personaggio fondamentale di questa fase della storia. La storia politica e personale di Putin è ancora tutta da scrivere, il personaggio è lontano dall'essere storicizzato e la sua attualità è costantemente viva, pronta a riservare delle sorprese. Questo libro ha cercato di raccontarvelo e di avvicinarsi a lui senza pregiudizi. Comunque la pensiate, il presidente della Russia è un protagonista che entrerà nei libri di storia.

NOTE

[1]Mediaset, documentario *"Il Presidente"* realizzato dall'emittente russa "Rossiya1" - Versione italiana curata dai giornalisti Alessandro Banfi e Carlo Gorla - Documentario andato in onda su Retequattro lo 07.12.15.

[2]"la Repubblica", 13 aprile 2017, disponibile al link: http://www.repubblica.it/esteri/2017/04/13/news/siria_ra id_coalizione_usa_su_armi_chimiche_isis-162889942/

[3]"Quotidiano.net", 7 aprile 2017, disponibile al link: http://www.quotidiano.net/esteri/trump-siria-assad-1.3022473.

[4]"la Repubblica", 7 aprile 2017, disponibile al link: http://www.repubblica.it/esteri/2017/04/07/news/siria_u sa_lanciano_attacco_contro_base_aerea_oltre_50_missili-162376837/

[5]Gennaro Sangiuliano, *Putin, vita di uno zar,* cit., p. 256.

[6]Mediaset, documentario *"Il Presidente"* realizzato dall'emittente russa "Rossiya1" - Versione italiana curata dai giornalisti Alessandro Banfi e Carlo Gorla - Documentario andato in onda su Retequattro lo 07.12.15.

[7] Gennaro Sangiuliano, *Putin, vita di uno zar,* cit., p. 260.

[8]Georgy Toloraya, "Inter-Korean Dialogue and Reconciliation Prospect", *Russian International Affairs Council,* 16 luglio 2014, disponibile al link: http://russiancouncil.ru/en/inner/?id_4=2118#top.

[9]Barthélémy Courmont, *L'enigma nord coreano,* cit., p. 173.

[10]Ivi, p. 174.

[11]Hubert Seipel, *Putin, ora parla lui,* cit., p. 9.

[12]Michael J. Morell, *I ran the CIA. Now I'm endorsing Hillary Clinton,* "The New York", 5 agosto 2016, disponibile al link: www.nytimes.com/2016/08/05/opinion/campaign-stopa/i-ran-the-cia-now-im-endorsing-hillary-clinton.html.
[13] "Sputnik news" 07 giugno 2017, disponibile al link: https://it.sputniknews.com/mondo/201706074597634-Putin-parla-delle-conseguenze-di-una-guerra-con-USA/

Vladimir Putin e il presidente francese Emmanuel Macron.
(http://www.businessinsider.com/macron-putin-news-
conference-rt-sputnik-propaganda-fake-news-2017-5?IR=T)

BIBLIOGRAFIA E SITOGRAFIA

Gennaro Sangiuliano, *Putin, vita di uno zar*. (Mondadori).

Giulietto Chiesa, *Putinfobia*. (Piemme).

Hubert Seipel, *Putin, ora parla lui*. (Piemme).

Barthélémy Courmont, *L'enigma Nord Coreano*. (Fuoco Edizioni).

James Hillman, *Il Potere*. (BUR Rizzoli).

Repubblica.it

Quotidiano.it

Corriere.it

Ansa.it

Ilfattoquotidiano.it

Lastampa.it

Nytimes.com

Theguardian.com

RINGRAZIAMENTI

La realizzazione di questo saggio non sarebbe stata possibile senza l'aiuto del professore, nonché mio grandissimo amico e mentore, Remigio Martello che ha accettato di scrivere la prefazione nonostante gli innumerevoli impegni che aveva durante il periodo in cui gli proposi questo progetto. Ringrazio inoltre i miei carissimi compagni di avventura del G.A.E. Walther, Enrico, Riccardo, Domenico, Daniele e Giuseppe per avermi sostenuto durante la stesura di tale progetto sicuramente pretenzioso.

www.ingramcontent.com/pod-product-compliance
Lightning Source LLC
Chambersburg PA
CBHW060414290526
45791CB00002B/741